CATALOGUE

DE

LA BIBLIOTHÈQUE

DU

MINISTÈRE DE LA GUERRE.

CATALOGUE

DE LA

BIBLIOTHÈQUE

DU

MINISTÈRE DE LA GUERRE.

PREMIÈRE PARTIE.

ART ET HISTOIRE MILITAIRES.

PREMIER SUPPLÉMENT.

Bruxelles,

IMPRIMERIE DE P. VANDERLINDEN,
Rue du Cyprès, 1.

1886

CATALOGUE
DE LA
BIBLIOTHÈQUE
DU
MINISTÈRE DE LA GUERRE.

1ᵉʳ Supplément.

Division A. — ART ET HISTOIRE MILITAIRES.

Section I. — SCIENCES MILITAIRES.

SUBD. a. — ART DE LA GUERRE.

I. ART DE LA GUERRE EN GÉNÉRAL.

5181. **Fisch.** Cours d'art militaire. Bruxelles, Spineux et Cie; 1881-1882. 2 vol. in-8°.

5182. **Jomini.** Abriss der Kriegskunst. Uebersetzt, erläutert und mit Anmerkungen versehen durch v. Boguslawski. Berlin, Wilhelmi; 1881. 1 vol. in-8°.
Précis de l'art de la guerre. Traduit et annoté par von Boguslawski.
Des éditions françaises de l'ouvrage de Jomini sont cataloguées sous les n°ˢ 80 et 81.

5183. **Napoléon I.** Militärische Schriften, erläutert durch Boie. *Dans le même volume.* **Scharnhorst.** Militärische Schriften, erläutert durch von der Goltz. Berlin, Schneider; 1881. 1 vol. in-8°.
Écrits militaires de Napoléon. Écrits militaires de Scharnhorst.

5184. **Vial.** Études d'art militaire. Applications de tactique et de stratégie. Paris, Dumaine; 1881. 2 vol. in-8°.

5185. **Degouy.** Étude sur les opérations combinées des armées de terre et de mer. Attaque et défense. Paris, Berger-Levrault et Cie; 1882. 1 vol. in-8°.

5186. **Friedrich der Grosse.** Militärische Schriften, erläutert und mit Anmerkungen versehen durch v. Taysen. Berlin, Wilhelmi; 1882. 1 vol. in-8°.

Écrits militaires annotés par v. Taysen.

5187. **Karl (Erzherzog).** Ausgewählte militärische Schriften, erläutert und mit einer Einleitung versehen durch von Waldtstätten. Berlin, Wilhelmi; 1882. 1 vol. in-8°.

Écrits militaires choisis annotés par von Waldtstätten.

5188. **Clausewitz (von).** Vom Kriege. Hinterlassenes Werk. Erläutert durch von Scherff. Zweite Auflage. Berlin, Wilhelmi; 1883, 1 vol. in-8°.

De la guerre. OEuvre posthume annotée par von Scherff.
L'ouvrage original de von Clausewitz est catalogué sous le n° 70.

5189. **Colmar von der Goltz.** Das Volk in Waffen. Ein Buch über Heerwesen und Kriegführung unserer Zeit. Zweite Auflage. Berlin, von Decker; 1883. 1 vol. in-8°.

5190. **Colmar von der Goltz.** La nation armée. Organisation militaire et grande tactique modernes. Traduit avec l'autorisation de l'auteur, par E. Jaeglé. Paris, Hinrichsen et Cie; 1884. 1 vol. in-8°.

5191. **Scherff (von).** Von der Kriegführung, zugleich zweite, umgearbeitete Auflage der Lehre von der Truppenverwendung als Vorschule zur Kunst der Truppenführung. Berlin, Bath; 1883. 1 vol. in-8°.

La conduite de la guerre.

5192. **Vallé.** Arte militare. Trattato di organica, strategia, logistica e tattica compilato secondo i programmi approvati dal ministero della guerra e in armonia coi regolamenti in vigore. Firenze, Le Monnier; 1883. 1 vol. in-12.

Art militaire. Traité d'organisation, de stratégie, de logistique et de tactique.

5193. **Chauvelays** (de la). L'art militaire chez les Romains. Nouvelles observations critiques sur l'art militaire chez les Romains pour faire suite à celles du chevalier Folard et du colonel Guischardt. Paris, Plon, Nourrit et Cie; 1884. 1 vol. in-8°.

Les ouvrages du chevalier Folard et du colonel Guischardt sont catalogués sous les n°s 12, 13 et 14.

5194. **Quinteau.** La guerre de surprises et d'embuscades. Paris, Charles Lavauzelle; 1884. 2 vol. in-8°.

5195. **Derrécagaix.** La guerre moderne. Premiere partie. Stratégie. Deuxième partie. Tactique. Paris, Baudoin et Cie; 1885. 2 vol. in-8° avec 2 atlas du même format.

II. Histoire de l'art de la guerre.

5196. **Jähns.** Handbuch einer Geschichte des Kriegswesens von der Urzeit bis zur Renaissance. Technischer Theil : Bewaffnung, Kampfweise, Befestigung, Belagerung, Seewesen. Nebst einem Atlas von 100 Tafeln. Leipzig, Grunow; 1880. 1 vol. in-8° avec un atlas oblong.

Manuel d'histoire de l'art militaire depuis les temps les plus reculés jusqu'à la Renaissance.

5197. **Sérignan** (de). La phalange. Étude philologique et tactique sur les formations d'armées des Grecs dans l'antiquité et sur leur langue militaire. Paris, direction du Spectateur Militaire; 1880. 1 vol. in-8°.

III. Stratégie.

5198. **Blume.** Stratégie. Étude. Traduit de l'allemand. Paris, Baudoin et Cie; 1884. 1 vol. in-8°.

5199. **Cardinal von Widdern.** Handbuch für Truppenführung und Stabsdienst. Dritte Auflage. Gera, Reisevitz; 1884-1885. 4 vol. in-8°.

Manuel de la conduite des troupes et du service d'état-major.

L'édition allemande de 1879-1881, ainsi que sa traduction sont cataloguées sous les n°s 201 et 202.

5200. **Fix.** La stratégie appliquée. Avec cartes et plans. Bruxelles, Merzbach et Falk ; 1884. 2 vol. in-8°.

IV. Tactique pure et appliquée.

5201. **Meckel.** Lehrbuch der Taktik, nach der für die Königlich Preussischen Kriegsschulen vorsgeschriebenen « Skizze des Lehrstoffes », zugleich als sechste Auflage der Taktik von Perizonius. Zweiter Theil. Angewandte Taktik. Zweite Hälfte. Gefechtslehre und Elemente des Kleinen Krieges. Berlin, Mittler und Sohn ; 1876. 1 vol. in-8°.
Traité de tactique (6ᵉ édition de la tactique de Perizonius).
La 1ʳᵉ partie et le 1ᵉʳ vol. de la 2ᵉ partie sont catalogués sous le n° 344.

5202. **Tordeux.** École d'application de cavalerie. Leçons de tactique. Saumur, 1880. 1 vol. in-4° autographié.

5203. **Boguslawski (von).** Der kleine Krieg und seine Bedeutung für die Gegenwart. Nach zwei Vorträgen, gehalten in der militärischen Gesellschaft zu Posen. Berlin, Luckhardt ; 1881. 1 broch. in-8°.
La petite guerre et son importance au temps présent.

5204. **Renard (B).** Compendio de un Corso de tactica general. Traduccion, de la tercera edicion publicada en Bruselas, de P. A. Berenguer y Ballester precedida de un prologo por Cotarelo. Madrid, Imprenta del deposito de la guerra ; 1882. 1 vol. in-8°.
Cours abrégé de tactique générale.
L'original en langue française est catalogué sous le n° 149.

5205. **Desroziers.** Combats de partisans. Récits des petites opérations de la guerre depuis le XIVᵉ siècle jusqu'à nos jours. Paris, Baudoin et Cⁱᵉ ; 1883. 1 vol. in-8°.

5206. **Lewal.** Études de guerre. Tactique des renseignements (Tome II). Paris, Baudoin et Cⁱᵉ ; 1883. 1 vol. in-8°.
Le tome I (5ᵉ des études de guerre) est catalogué sous le n° 352.

5207. **Selliers de Moranville (de).** Les procédés tactiques du duc de Wellington. Bruxelles, Merzbach et Falk ; 1883. 1 vol. in-12.

5208. **Bastenier.** Réquisition de la force armée en temps de troubles pour apaiser les émeutes et rétablir l'ordre. Liége, Thiriart ; 1884. 1 vol. in-16.

5209. **Moreno Churruca.** Arte militar. Compendio de tàctica aplicada. Barcelona, Tassa Serra ; 1884. 1 vol. in-8°.
Art militaire. Abrégé de tactique appliquée.

5210. **Bernard.** Traité de la tactique. Tomes IV à VI. Tarbe, Lescamela ; 1882-1885. 3 vol. in-8°.
_{Les tomes I à III sont catalogués sous le n° 366.}

5211. **Robert.** Tactique de combat des grandes unités. Paris, Charles-Lavauzelle ; 1885. 1 vol. in-8°.

5212. **Verdy du Vernois (von).** Ueber praktische Felddienst Aufgaben. Zweite Auflage. Berlin, Eisenschmidt ; 1885. 1 broch. in-12.
Thèmes sur le service de campagne pratique.

V. Philosophie et politique de la guerre.

VI. Mélanges (jeu de guerre, divers).

5213. **Hirsch.** Militärisches Vademecum für den Offizier beim Kriegsspiel, Generalstabsreisen und bei Lösung taktischer Aufgaben. Köln, Warnitz und Comp. ; 1884. 1 broch. in-32.
Vademecum de l'officier dans le jeu de guerre, les voyages d'état-major et la solution de problèmes tactiques.

Subd. b. — ÉTAT MILITAIRE.

I. Organisation des armées.

5214. **Peucker** (von). Das deutsche Kriegswesen der Urzeiten in seinen Verbindungen und Wechselwirkungen mit dem gleichzeitigen Staats und Volksleben. Berlin, Decker; 1860-1864. 3 vol. in-8°.
L'organisation militaire de l'Allemagne dans les temps primitifs.

5215. **Weitzel.** De organisatie bij de Wet onzer strijdkrachten te land. Met drie bijlagen : A. Het vesting-dogma. B. Organisatie der infanterie in zelfstandige bataillons. C. Tijd bestemd tot œfening onzer militie. Breda, Broese et Cie; 1871. 1 broch. in-8°.
L'organisation légale de nos forces militaires continentales.

5216. **Kann.** De militie en het militair bestuur gedurende het tijdvak der unie van Utrecht 1579-1795. Academisch proefschrift. Leiden, Somerwil; 1874. 1 vol. in-8°.
La milice et le service militaire à l'époque de l'union d'Utrecht.

5217. **Kaulbars.** Rapport sur l'armée allemande adressé à S. A. I. le Grand-Duc Nicolas. Traduit du russe par Le Marchand. Nouvelle édition. Paris, Dumaine; 1880. 1 vol. in-12.
_{L'édition de 1878 est cataloguée sous le n° 912.}

5218. **Quarré de Verneuil.** L'armée en France depuis Charles VII jusqu'à la révolution (1439-1789). Paris, Dumaine; 1880. 1 vol in-8°.

5219. **Quarré de Verneuil.** La France militaire pendant la révolution (1789-1798). Paris, Dumaine; 1878. 1 vol. in-8°.

<small>Cet ouvrage a été catalogué par erreur au n° 4708.</small>

5220. Lärobok om arméens organisation. Stockholm, Norstedt och Söner; 1881. 1 vol. in-16.

Manuel de l'organisation de l'armée.

5221. The armed strength of Belgium. Compiled in the intelligence brauch of the quartermastergeneral's departement, war office. 1882. With two maps : general map of Belgium; Antwerp and environs. London, Clowes and Sons; 1882. 1 vol. in-8°.

Les forces armées de la Belgique.

5222. **Laroière (de)** et **Bodenhorst.** Les armées européennes. Recrutement, organisation et armement. Paris, Dumaine; 1882. 1 vol. in-8°.

5223. Bepalingen en voorschriften omtrent organisatie, garnizoens indeeling en mobilisatie van het leger. 'S Gravenhage, Van Cleef; 1883. 1 vol. in-8°.

Règlements sur l'organisation, la répartition dans les garnisons et la mobilisation de l'armée.

5224. **Brusati.** Ordinamento degli exerciti germanico, austro-ungarico, francese ed italiano. Cenni sommari. Torino, Candeletti; 1883. 1 vol. in-8°.

Organisation des armées allemande, austro-hongroise, française et italienne.

5225. Études sur quelques points de notre organisation militaire et les réformes à y introduire. Paris, Baudoin et Cie; 1883. 1 vol. in-8°.

5226. **Feiss.** L'armée suisse. Édition française par Kern. Genève, Desrogis; 1883. 1 vol. in-8°.

5227. Gliederung der bewaffneten Macht Osterreich-Ungarns. Wien, Seidel und Sohn; 1883. 1 feuille.

Composition des forces armées de l'Autriche-Hongrie.

5228. **Lapeyrère (de).** Le Japon militaire. Paris, Plon et Cie; 1883. 1 vol. in-12.

5229. **Rau.** L'état militaire des principales puissances étrangères au printemps de 1883. Paris, Berger-Levrault; 1883. 1 vol. in-12.

<small>Les éditions de 1877 et de 1880 sont cataloguées sous les n°s 590 et 591.</small>

5230. **Dussieux.** L'armée en France. Histoire et organisation depuis les temps anciens jusqu'à nos jours. Versailles, Bernard; 1884. 3 vol. in-8°.

5231. **Fisch.** Organisation du système militaire. Bruxelles, Spineux et Cie; 1884. 1 vol. in-8°.

5232. La France est-elle prête? Étude sur la réorganisation de l'armée française depuis 1871 et sur les dernières grandes manœuvres, par un officier prussien. Traduit de l'allemand. Paris, Hinrichsen et Cie; 1884. 1 vol. in-8°.

5233. **Mention.** Le comte de Saint-Germain et ses réformes d'après les archives du dépôt de la guerre. Étude sur l'armée française à la fin du XVIIIe siècle. Paris, Baudoin et Cie; 1884. 1 vol. in-8°.

5234. **Reich.** Die Organisation der Kriegsmacht der Österreichisch-Ungarischen Monarchie. Zweite Auflage. Wien, Seidel und Sohn; 1884. 1 vol. in-8°.

L'organisation de la force armée de la monarchie austro-hongroise.

5235. **Rivière.** L'armée allemande sur le pied de guerre. Paris, Baudoin et Cie; 1884. 1 vol. in-8°.

5236. **Dally.** Les armées étrangères en campagne, leur organisation, leurs effectifs et leurs uniformes. 80 gravures hors texte. Allemagne, Angleterre, Autriche-Hongrie, Belgique, Espagne, Italie, Russie, Suisse. Paris, Noizette; 1885. 1 vol. in-12.

5237. Pourquoi la France n'est pas prête. Paris, Marpon et Flammarion; 1885. 1 vol. in-8°.

II. Division militaire du territoire.

5238. Répartition et emplacement des troupes de l'armée française. 1er novembre 1882. Paris, imprimerie nationale. 1 broch. in-8°.

5239. **Hrubant.** Abgrenzung und administrative Eintheilung der Militair-Territorial-Bezirke in der österreichisch-ungarischen Monarchie. Wien, Hölzel ; 1883. 1 carte in-f°.

Délimitation et division administrative des districts militaires territoriaux de la monarchie austro-hongroise.

5240. Quartierliste des Deutschen Heeres. Unter Berücksichtigung der Allerhöchst genehmigten Dislokationsveränderungen. Nachgetragen bis Ende October 1882. Fünfundzwanzigste Auflage. Berlin, Liebel ; 1883. 1 broch. in-8°.

Emplacement des subdivisions de l'armée allemande.

5241. **Tröltsch** (von). Dislocations-Karte der Kriegsmacht des Deutschen Reichs im Frieden. 5te Auflage. Stuttgart, Aue ; 1883. Une carte pliée sous cartonnage in-4°.

Répartition de l'armée allemande en temps de paix.

_{La première édition, publiée en 1879, est cataloguée sous le n° 616.}

5242. Garnison-Karte der Deutschen Armee, mit Angabe der Armeecorps-und Landwehr-Bezirks Grenzen, sowie mit Bezeichnung der Servis-Klassen für sämmtliche Garnison-Orte. Leipzich, Ruhl ; 1884. 1 carte pliée sous cartonnage in-12.

Carte des garnisons de l'armée allemande et indication des territoires des corps d'armée, des districts de landwehr, etc.

III. Recrutement général (milice, remplacement, volontariat).

5243. Lei de 26 de setembro de 1874 estabelecendo o modo e as condições do recrutamento para o exercito e armada e regulamento de 27 de fevereiro de 1875 approvado pelo Decreto da mesma data, para execução da referida lei. Rio de Janeiro, typographia nacional; 1875. 1 broch. in-8°.

Loi de recrutement de l'armée brésilienne.

5244. La loi de recrutement et le complétement de l'armée en chevaux. Saint-Pétersbourg, Dementieff; 1881. 1 vol. in-8°. (*Texte russe.*)

5245. Der Einjährig-Freiwillige im K. K. Heere. Wien, Seidel und Sohn; 1883. 1 vol. in-8°.

Le volontaire d'un an dans l'armée autrichienne.

5246. La nuova raccolta di tutte le disposizioni di legge, di regolamento, d'istruzione e di atti ministeriali riflettenti il reclutamento dell' esercito ad uso delle autorità civili e militari e dei privati. Edizione seconda. Roma, Botta; 1884. 1 vol. in-12.

Nouveau recueil de toutes les dispositions de la loi, des règlements, etc., concernant le recrutement.

L'édition de 1878 est cataloguée sous le n° 672.

5247. Wehrgesetz sammt Wehrgesetz-Novelle vom Jahre 1882 und Durchführungsvorschrift vom Jahre 1882. Zweite Auflage. Wien, K. K. Hof- und Staatsdruckerei; 1884. 1 vol. in-12.

Loi militaire de 1882.

IV. Recrutement des cadres. — Avancement. — Examens.

V. Mobilisation.

5248. Voorschrift betreffende de mobilisatie van het leger, vastgesteld bij de aanschrijving van den minister van oorlog van 1 maart 1882 en gewijzigd bij de aanschrijving van den minister van oorlog van 28 october 1882. Den Haag, Van Cleef; 1882. 1 broch. in-8°.

Règlement sur la mobilisation de l'armée néerlandaise.

5249. **Evkoff.** Guide pour la comptabilité relative aux hommes de la réserve et leur rappel au service actif. Saint-Pétersbourg, 1883. 1 vol. in-8°. (*Texte russe.*)

VI. Organisation et service des gardes civiques, des corps de volontaires et des troupes irrégulières. — Colonies militaires.

5250. **Vigneron (de).** Loi sur la garde civique annotée d'après les documents officiels et contenant sous chaque article les arrêtés royaux et les règlements en vigueur, la jurisprudence des députations permanentes, celle de la cour de cassation et les décisions administratives. Bruxelles, Bourlard et Havaux; 1882. 1 vol. in-8°.

5251. Regulations for the volunteer force. War office 1884. London, Clowes and Sons; 1884. 1 vol. in-8°.

Règlement pour le corps des volontaires en Angleterre.

<small>Les éditions précédentes sont cataloguées sous les nos 711 à 713.</small>

5252. **Ministero della guerra.** Compendio di istruzioni militari per la società del tiro a segno nazionale. 17 maggio 1885. Roma. Voghera-Carlo; 1885. 1 vol. in-16.

Abrégé d'instruction militaire pour les sociétés de tir à la cible.

VII. Ordonnances et règlements généraux.

5253. Ordonnance sur le service des armées en campague du 3 mai 1832, annotée de toutes les dispositions qui l'ont modifiée jusqu'au 1ᵉʳ juin 1873, collationnée d'après les textes officiels par G. de L... contenant les observations sur l'instruction sommaire pour les combats donnée au Titre XIII de l'ordonnance du 3 mai 1832 sur le service des armées en campagne et l'Instruction pour le tracé et l'érection des tentes et des manteaux d'armes, etc., etc. Paris, Dumaine; 1873. 1 vol. in-16.

<small>L'Ordonnance du 3 mai 1832 est cataloguée sous le n° 732.</small>

5254. **Ministère de la guerre.** Décret du 26 octobre 1883 portant règlement sur le service des armées en campagne. Paris, Baudoin et Cⁱᵉ; 1883. 1 vol. in-16.

5255. 14ᵉ corps d'armée. Programme d'instruction pour les troupes d'infanterie, de cavalerie et d'artillerie. Lyon, Jevain; 1874. 1 vol. in-8°.

5256. **Ministère de la guerre.** Décret du 23 octobre 1883 portant règlement sur le service dans les places de guerre et les villes de garnison. Paris, Baudoin et Cⁱᵉ; 1883. 1 vol. in-18.

5257. **Ministère de la guerre.** Règlement général du 1ᵉʳ juillet 1874, modifié par décret du 29 octobre 1884, pour les transports militaires par chemins de fer. Guerre et marine. Paris, Baudoin et Cie; 1884. 1 vol. in-8°.

<small>Le règlement de 1874 modifié en 1877 est catalogué sous le n° 798.</small>

5258. **Ministère de la guerre.** Règlement sur le service de l'armement approuvé le 30 août 1884. Paris, Baudoin et Cie; 1885. 1 vol. in-8°.

5259. **Helldorff** (von). Dienst-Vorschriften der Königlich preussischen armée. Dritte Auflage. Nachträge und Alphabetisches Sachregister. Berlin, Bath; 1884. 2 vol. in-8°.

Règlements de service de l'armée prussienne. Supplément et table alphabétique.

<small>L'ouvrage est catalogué sous le n° 756.</small>

5260. **Solms.** Die deutsche Wehr-Ordnung, Heer-Ordnung und Marine-Ordnung. Berlin, Guttentag; 1885. 1 vol. in-8°.

Ordonnances relatives à l'organisation de l'armée et de la marine allemandes.

5261. Règlement sur le transport des troupes par chemins de fer. Infanterie. Génie. Bruxelles, Guyot; 1883. 1 broch. in-18.

<small>Le règlement de 1869 est catalogué sous le n° 774.</small>

5262. **Salkin.** Aide-mémoire sur le service des troupes en campagne d'après l'instruction provisoire (titres I, II, III, IV et des extraits du titre V). 2° édition. Gand, Annoot-Braeckman; 1884. 1 vol. in-16.

5263. Instruktion för bevakningstjensten. Stockholm, Norstedt och Söner; 1881. 1 vol. in-16.

Règlement sur le service de garnison.

5264. The Queen's regulations and orders for the army. London, Clowes and Sons; 1881. 1 vol. in-18.

Règlements et ordres à l'usage de l'armée anglaise.

<small>L'édition de 1873 est cataloguée sous le n° 784.</small>

5265. Regulations for the militia. War Office 1883. London, Clowes and Sons; 1883. 1 vol. in-8°.

Règlement pour la milice anglaise.

<small>L'édition de 1880 est cataloguée sous le n° 804.</small>

5266. **Ministero della guerra.** Regolamento di servizio in guerra. Parti I. Servizio delle truppe (26 novembre 1882). Parte II. Servizio delle intendenze (14 gennaio 1881). Roma, Voghera; 1881-1882. 2 vol. in-18.

Règlement sur le service en campagne.

5267. Regolamento para el servicio de campaña. Madrid, 1882. 1 vol. in-18.

Règlement sur le service de campagne.

5268. **Ministero della guerra.** Regolamento pel servizio territoriale (8 luglio 1883). Roma, Voghera; 1883. 2 vol. in-18.

Règlement sur le service territorial.

5269. Organische Bestimmungen für die Armee im Felde. Wien, K. K. Hof-und Staatsdruckerei; 1884. 1 vol. in-12.

Prescriptions organiques pour l'armée en campagne.

5270. Het reglement voor den garnizoensdienst en de instructie voor de plaatselyke commandanten en plaats-majoors. Beide onveranderd doch van aanteekeningen voorzien. Met eene bijlage — Gedrukt ingevolge de aanschrijving van het Departement van oorlog van 20 december 1883, VIIe Afd., Militie en schutterij, n° 59. 'S Gravenhage, de gebroeders Van Cleef; 1884. 1 vol. in-8°.

Règlement sur le service de garnison et instruction pour les commandants et majors de place.

5271. **Muñiz y Terrones.** Ordenanzas de S. M. para el regimen, disciplina, subordinacion y servicio de sus ejercitos anotadas é ilustradas por articulos con las leyes, decretos, órdenes y circulares expedidas y vigentes hasta la fecha de esta edicion. Madrid, Velasco; 1880-1882. 3 vol. in-8° plus un appendice.

Ordonnance de S. M. pour le régime disciplinaire, la subordination et le service de ses armées.

5272. **Kossinski.** Recueil systématique des ordres du département de la guerre et des circulaires du grand État-Major du 1er janvier 1869 au premier janvier 1885. Publié par ordre du ministre de la guerre, revu et approuvé par le comité de codification militaire. Saint-Pétersbourg,

Freïmann et Stasioulévitch; 1883-1885. 4 vol. grand in-8°. (*Texte russe.*)

VIII. ORDRES, DIGNITÉS ET HONNEURS MILITAIRES.

5273. **Gérard.** Manuel des honneurs, rangs et préséances civils, civiques, militaires, ecclésiastiques, judiciaires, maritimes. etc. Deuxième édition. Bruxelles, Demanet; 1851. 1 vol. in-18.
5274. **Amade (d').** Légion d'honneur, médailles militaires ou commémoratives, décorations et ordres étrangers. Résumé historique et recueil des documents officiels, lois, ordonnances, décrets, statuts relatifs à ces diverses institutions. Nice, Cauvin et Cie; 1873. 1 vol. in-8°.
5275. **Die Orden, Wappen und Flaggen aller Regenten und Staaten** in originalgetreuen Abbildungen. Zweite Auflage, vermehrt durch die specielle Beschreibung der sämmtlichen Orden. Leipzig, Ruhl; 1883. 1 vol. in-4°.
Ordres, armes et drapeaux de tous les États.

IX. POSITION DES OFFICIERS ET DES SOUS-OFFICIERS. — PENSIONS. — INVALIDES. — EMPLOIS CIVILS.

5276. **Ministero della guerra.** Regolamento sullo stato dei sottufficiali (15 maggio 1884). Roma, Voghera; 1884. 1 vol. in-18.
Règlement sur la position des sous-officiers.
5277. **Leggi sulla liquidazione delle pensioni agli ufficiali dell' esercito e della marina** corredate del testo delle leggi anteriori. 1885. Roma, Stamperia Reale; 1885. 1 broch. in-8°.
Loi sur la liquidation des pensions aux officiers de l'armée et de la marine.

X. Statistique militaire.

XI. Mélanges. (Morale militaire. — Aumôneries militaires. — Divers.)

5278. **Robecchi.** Il soldato cittadino. Torino, Roux e Favole; 1881. 1 broch. in-18.
   Le soldat citoyen.
5279. **Sérignan** (de). L'armée espagnole. Notes, souvenirs et impressions de voyage. Paris, Berger, Levrault et Cie; 1883. 1 vol. in-8°.
5280. **Perrin.** De l'organisation des mess et pensions militaires. Paris, Baudoin et Cie; 1885. 1 vol. in-8°.
5281. La puissance française par un ancien officier. Paris, Colmann-Lévy; 1885. 1 vol. in-8°.

Subd. c. — ÉTAT-MAJOR GÉNÉRAL DES ARMÉES.

I. Composition et attributions des cadres de l'état-major général des armées.

II. Grands commandements. — Inspections.

5282. Ministère de la guerre. Instruction sur les inspections générales des corps de troupe suivie d'une instruction pour les revues trimestrielles et le service courant. Dispositions communes à toutes les armes. Mai 1883. Paris, Baudoin et Cie; 1883. 1 vol. in-4°.

5283. Geschäftsordnung für die höheren Commanden der Armee im Felde. Wien, K. K. Hof- und Staatsdruckerei; 1884. 1 vol. in-12.

> *Instruction pour les grands commandements de l'armée en campagne.*

III. Commandement des provinces et des places.

VI. Mélanges.

Subd. d. — SERVICE D'ÉTAT-MAJOR.

I. Organisation, service et attributions des états-majors.

5284. **Springer.** Handbuch fur Offiziere des Generalstabes (mit besonderer Rücksicht auf deren Dienst im Felde). III Auflage. Brünn, Seidel und Sohn; 1880. 1 vol. in-18.
Manuel de l'officier d'état-major.
La 2ᵉ édition est cataloguée sous le n° 980.

5285. Aide-mémoire de l'officier d'état-major en campagne. 2ᵉ édition. Paris, imprimerie nationale; 1884. 1 vol. in-8°.

5286. **Bronsart von Schellendorff.** Der Dienst des Generalstabes. Zweite Auflage neu bearbeitet von Meckel. Berlin, Mittler und Sohn; 1884. 1 vol. in-8°.
Le service de l'état-major.
La première édition est cataloguée sous le n° 974.

5287. **Ministère de la guerre.** Règlement ministériel du 21 août 1884 sur l'organisation et le fonctionnement du service des étapes aux armées. Paris, Baudoin et Cⁱᵉ; 1884. 1 vol. in-8°.

II. Logistique. — Marches, cantonnements, bivouacs, reconnaissances, etc.

III. Camps d'instruction. — Manoeuvres du temps de paix. — Voyages d'état-major.

5288. **Boguslawski (von).** Die Anlage, Leitung und Durchführung von Feldmanövern. Berlin, Mittler und Sohn; 1883. 1 vol. in-8°.
Plan, direction et exécution des manœuvres de campagne.

5289. **Ministero della Guerra.** Norme per la manovra coi quadri. Roma, Voghera; 1883. 1 vol. in-16.
Guide pour les manœuvres avec cadres.

5290. Ministère de la guerre. Opérations militaires. 3ᵉ bureau. Compte-rendu des manœuvres d'ensemble en terrain varié de 1882 à 1884. Bruxelles, Guyot; 1883-1885; 3 vol. in-4°.

<small>Le compte-rendu des manœuvres de 1881 est catalogué sous le n° 1061.</small>

IV. Dépôts de la guerre. — Travaux topographiques et cartographiques. — Divers.

5291. Burchardt. Leitfaden für den Unterricht in der Terrainlehre, im militärischen Planzeichnen und im militärischen Aufnehmen an den Königlichen Kriegsschulen. Vierte Auflage. Berlin, Mittler und Sohn; 1884. 1 vol. in-4°.
Guide pour l'enseignement du lever de terrain, etc.

5292. Hannot. Des levés à vue, de la révision des cartes et des reconnaissances de terrain. Bruxelles, Lebègue et Cⁱᵉ; 1884. 1 vol. in-12.

Subd. e. — INTENDANCE.

I. Histoire de l'administration militaire.

II. Organisation et attributions de l'intendance.

III. Administration des armées en général.

5293. **Vigo-Roussillon.** Des principes de l'administration des armées. Deux conférences faites au ministère de la guerre les 3 et 10 mars 1869. Paris, Dumaine; 1871; 1 vol. in-8°.

5294. **Dislère, Ducos et Bouillon.** Répertoire du droit administratif. Législation de l'armée française et jurisprudence militaire. Paris, Dupont; 1884. 2 vol. in-8°

IV. Administration des corps de troupe. — Comptabilité. — État-civil.

5295. Instruction sur la comptabilité des compagnies, escadrons et batteries. — Bruxelles, Guyot; 1879. 1 broch. in-8°.

5296. **Armentani.** Guida amministrativa militare ovvero raccolta delle disposizioni amministrative e contabili disposte in ordine analitico-alfabetico. Roma, Voghera Carlo; 1883. 1 vol. in-8°.
Guide administratif militaire ou recueil des dispositions relatives à l'administration et à la comptabilité.

5297. **Beaugé.** Abrégé du manuel de législation, d'administration et de comptabilité militaires ou traité élémentaire à l'usage des fourriers. Paris, Baudoin et Cie; 1885. 1 vol. in-8°.
Le manuel de législation, etc., est catalogué sous les n°^{s} 1162 à 1164.

5298. **Ministero della guerra.** Regolamento di amministrazione e contabilità pei corpi del regio esercito. 1° maggio 1885. Roma, Voghera Carlo; 1885. 3 parties reliées en 1 vol. in-16.

Règlement sur l'administration et la comptabilité des corps de l'armée italienne.

<small>Le règlement du 1er juillet 1875 est catalogué sous le n° 1172.</small>

V. ALLOCATIONS ET PRESTATIONS DIVERSES. — SOLDES, VIVRES, FOURRAGES.

5299. Friedens-Verpflegungs-Etat der Preussischen bezw. in die Preussische Verwaltung übernommenen Truppen für das Etatsjahr 1883-1884. Berlin, Mittler und Sohn; 1883. 1 vol. in-4°.

État des troupes en solde dans l'armée prussienne en temps de paix.

<small>Les éditions de 1876 et 1877 sont cataloguées sous les n°s 1189 et 1190.</small>

5300. Voorschrift, houdende wijziging van de verantwoording van soldij, brood, vivres en fourages en van kleeding en uitrusting bij de compagnieën van de korpsen der landmacht, vastgesteld bij de beschikking van den minister van oorlog van 20 september 1883, VI^{de} Afd., n° 32 (R. M. 1883, bladz. 478). 'S Gravenhage, de gebroeders van Cleef; 1883. 1 broch. in-8°.

Règlement sur la solde et les allocations en vivres et fourrages.

5301. Vorschrift für die Verpflegung des K. K. Heeres. I. Theil. Verpflegung im Frieden. Mit Beilagen. II. Theil. Verpflegung im Kriege. Mit Beilagen. Wien, K. K. Hof-und Staatsdruckerei; 1884. 4 vol. in-12.

Règlement sur les allocations en temps de paix et en temps de guerre dans l'armée autrichienne.

<small>Les règlements de 1858 et de 1876 sont catalogués sous les n°s 1192 et 1193.</small>

5302. Regulations relating to the issue of army allowances. War office, 1884. London, Clowes and Sons; 1884. 1 vol. in-8°.

Règlement sur les allocations dans l'armée anglaise.

<small>L'édition de 1881 est cataloguée sous le n° 1208.</small>

5303. Royal warrant for the pay, promotion, and non-effective

INTENDANCE. 21

... pay of the army. London, Clowes and Sons; 1884.
... 1 vol. in-8°.
Règlement sur la solde dans l'armée anglaise.
L'édition de 1881 est cataloguée sous le n° 1207.

VI. Habillement.

5304. **Ministère de la guerre.** Description des effets d'habillement, de coiffure, de grand et de petit équipement, de petite monture, de pansage et objets divers à l'usage des corps de troupe. 15 mars 1879. Paris, Dumaine; 1879. 1 vol. in-8°.

5305. Regulations for the supply of clothing and necessaries to the regular forces. War office, 1881. London, Clowes and Sons; 1881. 1 vol. in-8°.
Règlement pour la fourniture de l'habillement et des accessoires des forces régulières.

5306. Dress regulations for the officers of the army. Horse Guards, war office, 17th may, 1883. London, Clowes and Sons; 1883. 1 vol. in-8°.
Règlement sur l'habillement des officiers en Angleterre.
Les éditions précédentes sont cataloguées sous les n°s 1212 à 1214.

5307. **Salkin.** La chaussure normale civile et militaire. Genève, Georg; 1883. 1 vol. in-8°.

VII. Logement. — Casernement. — Couchage.

VIII. Matériel de campement.

IX. Administration du service des hôpitaux.

X. Administration du service des subsistances.

5308. **Baumann (von).** Studien über die Verpflegung der Kriegsheere im Felde. Leipzig, Winter; 1867-1880. 2 vol. in-8°.
Études sur les subsistances de l'armée en campagne.

5309. **Cantillon.** Des subsistances militaires en Belgique. Guide pratique du manutentionnaire. Bruxelles, Manceaux; 1869. 1 cahier in-f° autographié.

5310. Instruction für die Anlage von Reserve-Bäckereien. Zweite Auflage. Wien, K. K. Hof- und Staatsdruckerei; 1883. 1 broch. in-12.
Instruction pour l'établissement de boulangeries de réserve.

XI. — Marchés. — Réquisitions. — Transports.

5311. Voorschrift, houdende bepalingen, in acht te nemen bij het vervoeren van militairen en militaire goederen, vastgesteld bij de Beschikking van den Minister van Oorlog van 24 Juli 1883, VI^{de} Afd, n° 39 (R. M. 1883, Bladz. 372). 'S Gravenhage, Van Cleef; 1883. 1 vol. in-8°.
Règlement sur les conditions à observer dans le transport des militaires et des bagages militaires.

XII. Mélanges. — Ménage de la troupe. — Divers.

Subd. I. — **SERVICE DE SANTÉ.**

I. Organisation et attributions du personnel du service de santé.

II. Hôpitaux. — Infirmeries. — Ambulances.

III. Matériel du service de santé. — Transport des blessés.

5312. **Redard.** Transport par chemins de fer des blessés et malades militaires. Rapport présenté à l'administration des chemins de fer de l'État. Paris, Doin; 1885. 1 vol. in-8°.

IV. Hygiène militaire.

5313. **Putzeys.** L'hygiène dans la construction des casernes. Bruxelles, Muquardt; 1882. 1 vol. in-8°.
5314. **Rossignol.** Traité élémentaire d'hygiène militaire. 2ᵉ édition. Paris, Baudoin et Cⁱᵉ; 1883. 1 vol. in-8°.
La première édition est cataloguée sous le n° 1347.

V. Médecine, chirurgie et pharmacie militaires.

5315. The medical and surgical history of the war of the rebellion. Part III. Volume II. Surgical history. Second issue. Washington, Government printing office; 1883. 1 vol. in-4°.
Histoire de la médecine et de la chirurgie pendant la guerre de la rébellion.
Les volumes précédents sont catalogués sous le n° 1398.
5316. **Felix.** Les avantages du pansement métallique à feuilles d'étain dans la chirurgie des armées. Gand, Vanderhaegen; 1884. 1 broch, in-8°.
5317. **Hermant.** Note sur les appareils de déligation pour le

transport des fracturés en campagne. Nouvelle attelle modelée pour le chargement des fourgons. Nouvelle attelle de campagne articulée applicable à toutes les fractures. Bruxelles, Manceaux; 1885. 1 broch. in-8°.

VI. SERVICE VÉTÉRINAIRE.

5318. Regulations for the veterinary department of her Majesty's army. London, Clowes and Sons; 1882. 1 broch. in-8°.
Règlement pour le département vétérinaire de l'armée anglaise.

5319. Instructie ter regelmatige waarneming van den vétérinairen dienst bij het leger, in tijd van vrede. 30 october 1883. 'S Gravenhage, Van Cleef; 1883. 1 broch. in-8°.
Instruction sur le service vétérinaire en temps de paix.

VII. ORDONNANCES ET RÈGLEMENTS, MANUELS, AIDE-MÉMOIRE.

5320. Reglement für den Sanitäts-Dienst des K. K. Heeres. Anhang. Freiwillige Sanitätspflege. Wien, K. K. Hof- und Staatsdruckerei; 1880. 1 vol. in-8°.
Règlement sur le service de santé dans l'armée autrichienne.
Le règlement de 1870 est catalogué sous le n° 1421.

5321. Règlement sur le service de santé de l'armée. Première partie. Service de santé à l'intérieur (extrait du *Journal militaire officiel,* année 1883, n° 112). Paris, Baudoin et Cie; 1883. 1 vol. in-8°.
Le règlement de 1865 est catalogué sous le n° 1422.

5322. **Gross.** Manuel du brancardier avec dessins par Auguin. Nancy, Crépin-Leblond; 1884. 1 vol. in-12.

5323. Manuel de l'infirmière-ambulancière, rédigé par la commission d'enseignement, d'après les leçons et conférences de MM. les docteurs membres de l'Union des femmes de France. Paris, Masson; 1884. 1 vol. in-12.

5324. Voorschriften omtrent het militair geneeskundig onderzoek. Den Haag; 1884. 1 vol. in-8°.
Instructions concernant la visite médicale militaire.
5325. **Audet.** Manuel pratique de médecine militaire. Paris, Doin; 1885. 1 vol. in-12.
5326. Regulations for the medical department of her Majesty's army. War office; 1885. 1 vol. in-8°.
Règlement pour le département médical en Angleterre.
L'édition de 1878 est cataloguée sous le n° 1428.
5327. **Audet.** Manuel de chirurgie d'armée. Paris, Delahaye et Lecrosnier; 1886. 1 vol. in-12.

VIII. Statistique médicale militaire.

5328. Statistique médicale de l'armée pendant les années 1872 à 1873. Appendice au compte rendu sur le service du recrutement de l'armée. Paris, imprimerie nationale; 1874-1875. 2 vol. in-4°.
Les années précédentes sont cataloguées sous le n° 1433.
5329. **Ministero della guerra.** Relazione medico-statistica sulle condizioni sanitarie dell' esercito italiano nell' anni 1876-1878 compilata al comitato di sanità militare (ufficio statistica) sotto la direzione del colonnello medico d^r Pecco. Roma, tipografia degli stabilimenti militari di pena; 1878-1881. 1 vol. in-8°.
Relation médico-statistique sur les conditions sanitaires de l'armée italienne de 1876 à 1878.
5330. Statisticher Sanitäts-Bericht über die Königlich Bayerische Armee für die Zeit vom 1. April 1874 bis 31. März 1882. Bearbeitet von der Militär-Medizinal-Abtheilung des Königlich Bayerischen Kriegsministeriums. München, Hübschmann; 1881-1884. 2 vol. in-4°.
Rapport statistique sur l'état sanitaire de l'armée bavaroise du 1er avril 1874 au 31 mars 1882.
5331. Army medical department. Report for 1880-1882. London, Eyre and Spottiswoode; 1882-1884. 3 vol. in-8°.

Rapport du département médical pour les années 1880 à 1882.

5332. Statistischer sanitäts-Bericht über die K. Preussische Armee und das XIII. (K. Wurttembergische) Armeekorps für die Jahre 1879 bis 1882. Bearbeitet von der Militär-Medizinal-Abtheilung des K. Preussischen Kriegsministeriums. Berlin, Mittler und Sohn; 1882-1884. 2 vol. in-4°.

Rapport statistique sur l'état sanitaire de l'armée prussienne et du 13ᵉ corps (wurtembergeois).

<small>Les statistiques des années précédentes sont cataloguées sous le n° 1438.</small>

5333. Statistisch overzicht der bij het Nederlandsche leger in de jaare 1881-1884 behandelde zieken. 'S Gravenhage, van Doorn en zoon; 1882-1885. 4 vol. in-8.

Coup d'œil statistique sur les malades de l'armée des Pays-Bas.

<small>Les statistiques des années précédentes sont cataloguées sous le n° 1444.</small>

5334. Statistique médicale de l'armée belge (période de 1875-1879). Bruxelles, Gobbaerts; 1883. 1 vol. in-4°.

<small>Les périodes précédentes sont cataloguées sous les n°ˢ 1439 et 1440.</small>

IX. Mélanges (Sociétés de secours aux blessés, divers, etc.).

5335. **Beaufort** (cᵗᵉ de). Questions philanthropiques. Transport des blessés. Hôpitaux. Appareils. Assistance aux mutilés pauvres. Paris, imprimerie nationale; 1875. 1 vol. gr. in-8°.

5336. **Moynier**. La Croix-Rouge. Son passé et son avenir. Paris, Sandoz et Thuillier; 1882. 1 vol. in-12.

Subd. g. — JUSTICE MILITAIRE ET DROIT DE LA GUERRE.

1. Législation. — Tribunaux militaires.

5337. **Ministero della guerra.** Regolamento organico per il servizio nei tribunali militari. Roma, Voghera; 1872. 1 vol. in-18.
Règlement organique sur le service des tribunaux militaires.

5338. **Gérard.** Code pénal expliqué par les rapports et débats parlementaires ainsi que par la jurisprudence des cours d'appel et de cassation suivi du code pénal militaire et du règlement de discipline, spécialement destiné aux officiers de l'armée qui ont à siéger dans les conseils de guerre et à la cour militaire. Édition nouvelle. Bruxelles, Rozez; 1877. 1 vol. in-8°.

5339. **Ministero della guerra.** Regolamento di disciplina militare. 1° dicembre 1872. 4° edizione con le correzioni, schiarimenti e variazioni a tutto aprile 1877. Roma, Voghera; 1877. 1 vol. in-8°.
Règlement de dicipline militaire.
La 2° édition est cataloguée sous le n° 1518.

5340. **Legavre.** Législation pénale militaire. Aperçu des lois répressives militaires ou codes militaires en vigueur en Belgique. Bruxelles, Bruylant-Christophe; 1882. 1 vol. in-18.

5341. Code de justice militaire pour l'armée de terre. Paris et Limoges; Lavauzelle. 1 vol. in-16.

5342. **Bouquié.** De la justice et de la discipline dans les armées à Rome et au moyen-âge. Bruxelles, Callewaert; 1884. 1 vol. gr. in-8°.

5343. Gran. Fonctionnement de la justice militaire dans les différents états de l'Europe. Christiania, Malling ; 1884. 3 parties reliées en 1 vol. in-8°.

5344. Tinne. Manuel disciplinaire. Recueil des arrêtés, instructions, circulaires et modèles concernant le régime disciplinaire et en vigueur à la date du 1er octobre 1885, coordonné et annoté. Bruxelles, Alliance typographique ; 1885. 1 broch. in-8°.

II. Pénitenciers militaires.

III. Service particulier de la gendarmerie.

5345. Regolamento dell' arma dei carabinieri reali (16 ottobre 1822) colle modificazioni ed aggiunte ad esso apportate da leggi e regi decreti posteriormente emanati. Roma, Voghera ; 1881. 1 vol. in-8°.
Règlement de l'arme des carabiniers royaux.

5346. Ministère de la guerre. Règlement sur les exercices à pied de la gendarmerie départementale, approuvé le 25 avril 1877. Édition spécialement préparée et annotée pour l'arme à pied par un officier général de gendarmerie. Paris et Limoges, Lavauzelle ; 1882. 1 vol. in-18.

5347. Istruzioni pel servizio di campagna dei carabinieri reali. Roma, Voghera ; 1883. 1 vol. in-18.
Instruction sur le service des carabiniers royaux en campagne.

5348. Regolamento di esercizi e di evoluzioni pei carabinieri reali. Roma, Voghera ; 1883. 2 broch. in-18.
Règlement d'exercices pour les carabiniers royaux.

5349. Dienst-Instruktion für die Feld-Gendarmerie. Berlin, Mittler und Sohn. 1 broch. in-8°.
Instruction sur le service de la gendarmerie de campagne.

5350. Dienstvorschrift für die Feld-Gendarmerie der K. K. Armee.

Wien, K. K. Hof- und Staatsdruckerei; 1884. 1 broch. in-12.

Règlement de service pour la gendarmerie de campagne autrichienne.

5351. Organische Bestimmungen für die Feld-Gendarmerie der K. K. Armee. Wien, K. K. Hof- und Staatsdruckerei; 1884. 1 broch. in-12.

Prescriptions organiques pour la gendarmerie de campagne autrichienne.

IV. Droit de la guerre.

5352. **Morin.** Les lois relatives à la guerre selon le droit des gens moderne, le droit public et le droit criminel des pays civilisés. Paris, Cosse, Marchal et Billard; 1872. 2 vol. in-8°.

5353. **Nys.** Le droit de la guerre et les précurseurs de Grotius. Bruxelles, Muquardt; 1882. 1 vol. in-8°.

Subd. h. — INFANTERIE.

1. Organisation de l'infanterie.

11. Tactique et manoeuvres de l'infanterie.

5354. **Boguslawski.** Physionomie du combat d'infanterie pendant la guerre de 1870-1871. Traduit de l'allemand par Couturier. Paris, Tanera; 1872. 1 broch. in-12.

5355. Die Aufgabe unserer Infanterie in Bataillon und Brigade. Berlin, Mittler; 1880. 1 vol. in-8°.
Le rôle de notre infanterie formée en bataillon et en brigade.

5356. Brennende Fragen in reglementarischer Form. Berlin, Mittler und Sohn; 1881. 1 vol. in-8°.
Questions brûlantes à propos des formations réglementaires.

5357. **Joindre (Le).** Considérations sur les feux d'infanterie appliqués à l'attaque et à la défense des hauteurs. Paris, Baudoin et Cie; 1882. 1 broch. in-8°.

5358. **Pons.** Tir de l'infanterie en terrain varié. Paris, Berger-Levrault; 1882. 1 broch. in-8°.

5359. **Robert.** Tactique de l'infanterie. Tactique des feux, du bataillon et des grandes unités. Paris, Dumaine; 1882. 1 vol. in-8°.

5360. **Odon.** La tactique élémentaire de l'infanterie française depuis un siècle. Paris, Baudoin et Cie; 1883. 1 vol. in-12.

5361. **Poirot.** Instruction sur le dressage du soldat au service en campagne. 3e édition. Paris, Baudoin et Cie; 1883. 1 vol. in-18.

5362. **Hohenlohe-Ingelfingen (Kraft, Prinz zu).** Militärische

Briefe. Ueber Infanterie. Berlin, Mittler und Sohn; 1884. 1 vol. in-8°.

5363. **Hohenlohe-Ingelfingen (Kraft, Prince de).** Lettres sur l'infanterie. Traduites par Jaeglé. Paris, Westhausser; 1885. 1 vol. in-8°.

5364. **Mirbach (von).** Ueber Ausbildung der Kompagnie im Felddienst. Berlin, Mittler und Sohn; 1884. 1 vol. in-8°.
Instruction de la compagnie dans le service de campagne.

5365. **Dragomiroff.** Manuel pour la préparation des troupes au combat. Préparation de la compagnie. Paris, Baudoin et Cie; 1885. 1 vol. in-16.

III. Armement, équipement, matériel.

5366. **Capdevielle.** L'armement et le tir de l'infanterie. Paris, Dumaine; 1872. 1 vol. in-8° avec un atlas in-4°.

5367. Études sur l'armement réglementaire de l'infanterie. Paris, Baudouin et Cie; 1884. 1 vol. in-12.

IV. Ordonnances et règlements.

5368. Règlement provisoire sur l'exercice et les manœuvres de l'infanterie. Titre premier. Bases de l'instruction. Titre II. École du soldat. Titre III. École de compagnie. Titre IV. École de bataillon. Titre V. École de régiment. Bruxelles, Guyot; 1885. 1 vol. in-18.
<small>Le règlement de 1874 est catalogué sous le n° 1697.</small>

5369. **Infanterie.** Règlement provisoire sur le service intérieur, la police et la discipline. Bruxelles, Guyot; 1885. 1 vol. in-18.
<small>Le règlement de 1855 est catalogué sous le n° 1700.</small>

5370. Regulations for mounted infantry. London, Clowes and Sons; 1884. 1 broch. in-12.
Règlement pour l'infanterie montée.

5371. **Wedell (von).** Instruction für den Uebungspflichtigen

Ersatz-Reservisten der Infanterie. Nebst allen Bestimmungen über die Ersatz- Reserve- Pflicht. Dritte Auflage. Berlin, Eisenschmidt ; 1883. 1 vol. in-16.

Instruction pour les réservistes de l'infanterie.

5372. Schiess-Instruktion für die Infanterie. Berlin, Mittler und Sohn ; 1884. 1 vol. in-18.

Instruction sur le tir pour l'infanterie.

<small>L'instruction du 15 novembre 1877 est cataloguée sous le n° 1724.</small>

5373. **Ministère de la guerre.** Instruction du 23 mars 1878 pour les travaux de campagne à exécuter dans les corps de troupe de l'infanterie suivie du programme de l'enseignement. Paris, Dumaine ; 1878. 1 broch. in-18.

5374. **Ministère de la guerre.** Instruction sur l'emploi, le chargement, la marque, l'entretien, la réparation et le remplacement des outils de toute nature mis en service dans les troupes d'infanterie. Paris, Dumaine ; 1881. 1 broch. in-16.

5375. **Ministère de la guerre.** Infanterie. Instruction sur les manœuvres de brigade avec cadres. Paris, Dumaine ; 1882. 1 broch. in-32.

5376. Instruction relative aux attributions des adjudants de bataillon et de compagnie. Du 3 janvier 1883. Paris, Lavauzelle. 1 broch. in-18.

5377. **Ministère de la guerre.** Décret du 28 décembre 1883 portant règlement sur le service intérieur des troupes d'infanterie. Paris, Berger-Levrault et Cie. 1 vol. in-18.

<small>Le règlement de 1833 est catalogué sous les n°^{s} 1740 à 1742.</small>

5378. **Ministère de la guerre.** Règlement du 29 juillet 1884 sur l'exercice et les manœuvres de l'infanterie. Titre premier. Bases de l'instruction. Titre deuxième. École du soldat. Titre troisième. École de compagnie. Titre quatrième. École de bataillon Titre cinquième. École de régiment. Application aux unités plus fortes. Instruction pour les revues et les défilés. Paris, Berger-Levrault et Cie ; 1884. 1 vol. in-18.

<small>Les règlements antérieurs sont catalogués sous les n°^{s} 1726 à 1739.</small>

5379. **Ministère de la guerre.** Instruction du 9 mai 1885 sur le service de l'infanterie en campagne. Paris, Imprimerie nationale; 1885. 1 vol. in-18.

<small>L'instruction de 1876 est cataloguée sous le n° 1752.</small>

5380. **Ministère de la guerre.** Règlement du 29 juillet 1884 sur l'exercice et les manœuvres de l'infanterie. Batteries et sonneries. Paris, Imprimerie nationale; 1885. 1 broch. in-18.

5381. Nuova edizione del regolamento di esercizi e di evoluzioni per la fanteria approvata da S. M. in udienza del 30 giugno 1876. Roma, Voghera; 1876. 1 vol. in-16.
Nouvelle édition du règlement d'exercices pour l'infanterie.
<small>Les éditions antérieures sont cataloguées sous les n°˚ 1792 et 1793.</small>

5382. **Fea.** Tavole grafiche del regolamento di esercizi e di evoluzioni per la fanteria. Edizione seconda. Roma, Drezza; 1882. 1 vol. in-12.
Tableaux graphiques du règlement d'exercices de l'infanterie italienne.

5383. **Ministero della guerra.** Norme generali per la divisione di fanteria in combattimento. Roma, Voghera; 1883. 1 broch. in-12.
Principes généraux pour la division d'infanterie au combat.

5384. **Ministero della guerra.** Istruzione sul tiro per la fanteria. 2 marzo 1885. Roma, Voghera Carlo; 1885. 1 vol. in-16.
Instruction sur le tir pour l'infanterie.
<small>Les instructions antérieures sont cataloguées sous les n°˚ 1796 à 1798.</small>

5385. Tactica de infanteria. I. Instruccion del recluta. II. Instruccion de seccion y compañia. III. Instruccion de batallon. IV. Instruccion de brigada. V. Memoria general. Madrid, imprenta del depósito de la guerra; 1882. 5 vol. in-16.
Tactique de l'infanterie.
<small>Le règlement de 1864 est catalogué sous le n° 1811.</small>

5386. Skjutinstruktion för infanteriet. Stockholm, Norstedt och Söner; 1881. 1 vol. in-16.

Instruction sur le tir pour l'infanterie suédoise.

5387. Exercis-reglemente för infanteriet. I. Inledning och rekrytskolan. II. Kompaniet. III. Bataljonen och brigaden. Stockholm, Norstedt och Söner; 1882. 3 tomes reliés en 1 vol. in-16.

Règlement d'exercices pour l'infanterie suédoise.

5388. Règlement pour les sapeurs de l'infanterie et instruction sur le service de pionnier dans l'infanterie. Saint-Pétersbourg; 1883. 1 broch. in-18. (*Texte russe.*)

V. Mélanges (manuel, aide-mémoire, divers).

5389. Aide-mémoire de l'officier d'infanterie. Bruxelles, Guyot; 1880. 1 vol. in-16.

5390. **Dossow** (**von**). Instruction pour le fantassin allemand, traduite par Bernard avec le texte allemand en regard d'après la 21e édition refondue par von Schmidt. Paris, Baudoin et Cie; 1881. 1 vol. in-12.

La 2e édition allemande est cataloguée sous le n° 1847.

5391 **Jacquin**. Aide-mémoire des officiers d'infanterie en campagne pouvant les dispenser d'emporter avec eux tout autre livre lors d'une mobilisation générale. Paris, Baudoin et Cie; 1883. 1 vol. in-12.

5392. Notice sur l'emploi de l'appareil servant à l'enseignement intuitif du tir. Bruxelles, Guyot; 1883. 1 broch. in-16.

5393. **Dilthey**. Militärischer Dienst-Unterricht für einjährig Freiwillige, Reserve-Offizier-Aspiranten und Offiziere des Beurlaubtenstandes der Deutschen Infanterie. Fünfzehnte Auflage. Berlin, Mittler und Sohn; 1884. 1 vol. in-8°.

Enseignement du service militaire à l'usage des volontaires d'un an, etc.

La 8e édition est cataloguée sous le n° 1856.

5394. Manuel d'infanterie à l'usage des élèves-caporaux et aspirants sous-officiers des pelotons d'instruction, conforme au programme annexé à l'instruction du 19 novembre 1884. Paris, Lavauzelle; 1885. 2 vol. in-32.

5395. **Timmerhans** et **De Laroière**. Guide de l'instructeur d'infanterie mis en harmonie avec la nouvelle école du soldat. Série de programmes et de règles usuelles destinés à faciliter la marche progressive de l'instruction et de l'éducation militaires des recrues. Anvers, Huybrechts et Cie; 1885. 1 vol. in-16.

Subd. 1. — CAVALERIE.

1. Organisation de la cavalerie.

5396. **Kaehler.** La cavalerie prussienne de 1806 à 1876, son développement progressif pendant cette période d'après des documents authentiques. Traduite de l'allemand par Thomann. Paris, Baudoin et Cie; 1883. 1 vol. in-8°.

5397. Armement, instruction, organisation et emploi de la cavalerie. Traduit de l'allemand par Thomann. Paris, Baudoin et Cie; 1884. 1 vol. in-8°.

5398. **Ubiez.** La cavalerie française en 1884. Paris, Lavauzelle; 1884. 1 vol. in-12.

5399. Notes sur les cavaleries étrangères. Paris, Baudoin et Cie; 1885. 1 vol. in-12.

II. Tactique et manoeuvres de la cavalerie.

5400. **Cardinal von Widdern.** Strategische Kavallerie-Manöver als Friedensübungen in Russland, Oesterreich, Frankreich und Deutschland. Berichte und Vorschläge. Neu-Auflage. Gera, Reisewitz; 1882. 1 vol. in-8°.
Manœuvres stratégiques de cavalerie, comme exercices du temps de paix, en Russie, Autriche, France et Allemagne.

5401 **Loë (von).** Service de la cavalerie en campagne. Traduit de l'allemand par Gendron. Paris, Baudoin et Cie; 1883. 1 vol. in-8°.

5402. **Hohenlohe-Ingelfingen (Kraft, Prinz zu).** Militärische Briefe. Ueber Kavallerie. Berlin, Mittler und Sohn; 1884. 1 vol. in-8°.

5403. **Hohenlohe-Ingelfingen (Kraft, Prince de).** Lettres sur la cavalerie. Traduites par Jaeglé. Paris, Hinrichsen et Cie; 1885. 1 vol. in-8°.

5404. **Lahure (baron).** Cavalerie. Exploration et combat. Paris, Baudoin et Cie; 1 vol. in-8°.

5405. **Renard.** Commentaires sur les règlements de la cavalerie. Tactique élémentaire de l'arme. Bruxelles, Merzbach et Falk; 1884. 1 vol. in-8°.

III. Armement. — Équipement. — Matériel.

5406. Chargement des fourgons de cavalerie. 3e édition. Bruxelles. Guyot; 1883. 1 broch. in-18.
L'édition de 1879 est cataloguée sous le n° 1934.

5407. **Courtin (général).** Notice sur la selle et le paquetage proposés par l'auteur. Bruxelles, Guyot; 1883. 1 broch. in-16.

5408. Rapport sur les expériences faites avec deux modèles de selle proposés, l'un, par la commission de harnachement, l'autre, par le lieutenant-général Courtin. Louvain, 1883. 1 cahier in-folio autographié.

5409. **Münster.** Zur Zäumung des Pferdes und die Kandaren-Einsatz-Garnitur. Dresden, Heinrich; 1883. 1 broch. in-4°.
Au sujet de la bride du cheval, etc.

IV. Remontes. — Haras. — Maréchalerie. — Hippiatrique.

5410. Traité de dressage des chevaux de troupe. Bruxelles, Guyot; 1878. 1 broch. in-12.

5411. Le cheval. Manuel à l'usage de nos amateurs de chevaux et des gens d'écurie par un homme de cheval. Bruxelles, Rozez; 1884. 1 vol. in-8°.

5412. **Goubaux et Barrier.** De l'extérieur du cheval. Paris, Asselin et Cie; 1884. 1 vol. gr. in-8°.

5413. Ricordi sul cavallo e sul cavalcare. Roma, Voghera; 1884. 1 vol. in-16.
Conseils sur le cheval et sur l'équitation.

5414. **Sainte-Chapelle.** La remonte dans l'armée allemande. Paris, Baudoin et Cie; 1885. 1 vol. in-8°.

V. ORDONNANCES ET RÈGLEMENTS.

5415. Schiess- Instruktion für die Kavallerie des K. K. Heeres. Wien, K. K. Hof- und Staatsdruckerei; 1882. 1 vol. in-12.
Instruction de tir de la cavalerie autrichienne.
L'instruction de 1870 est cataloguée sous le n° 2011.

5416. Waffen-Instruktion für die Kavallerie des K. K. Heeres. Wien, K.K. Hof- und Staatsdruckerei; 1882. 1 vol. in-12.
Instruction sur l'armement de la cavalerie autrichienne.

5417. **Ministère de la guerre.** Décret du 31 mai 1882 portant règlement sur les exercices de la cavalerie, revisant et complétant le décret du 17 juillet 1876. Paris, Imprimerie nationale; 1882. 2 vol. in-18.
Les règlements antérieurs sont catalogués sous les n°s 2012 à 2020.

5418. **Ministère de la guerre.** Décret du 28 décembre 1883 portant règlement sur le service intérieur des troupes de cavalerie. Paris, Baudoin et Cie; 1884. 1 vol. in-16.
Les règlements antérieurs sont catalogués sous les n°s 2021 à 2024.

5419. **Ministère de la guerre.** Instruction pratique sur le service de la cavalerie en campagne, approuvée par le ministre de la guerre, le 10 juillet 1884. Paris, Berger-Levrault et Cie; 1884. 1 vol. in-18.
L'instruction du 17 février 1875 est cataloguée sous le n° 2027.

5420. **Ministère de la guerre.** Règlement sur l'instruction du tir des troupes de cavalerie approuvé par le ministre de la guerre, le 17 août 1884. Paris, Baudoin et Cie; 1884. 1 vol. in-18.

5421. Règlement sur les exercices de la cavalerie allemande du 5 juillet 1876. Traduit par Raynaud. Paris, Berger-Levrault; 1882. 1 vol. in-12.
L'édition allemande est cataloguée sous le n° 2033.

5422. Revolver-Schiess-Instruktion für die Kavallerie und Feld-Artillerie. Berlin, Mittler und Sohn; 1884. 1 broch. in-16.

Instruction sur le tir du revolver à l'usage de la cavalerie et l'artillerie de campagne.

5423. Exercitie-Reglement der cavalerie. I. Grondslag van het onderricht en algemeene bepalingen. II. Ruiterschool te paard. III. Pelotonsschool te paard. IV. Eskadronsschool te paard. V. Regimentsschool. Breda, Oukoop; 1881-1882. 1 vol. in-16.

Règlement d'exercice de la cavalerie.

Les règlements antérieurs sont catalogués sous les nos 2036 à 2038.

5424. Voorschrift betreffende de wapenen en schietoefeningen bij de cavalerie. Breda, Oukoop; 1882. 1 vol. in-16.

Instruction sur l'armement et le tir de la cavalerie.

L'instruction de 1881 est cataloguée sous le n° 2042.

5425. **Cavalerie.** Règlement sur les exercices et les manœuvres. Préliminaires. École du cavalier à pied. École du peloton à pied. École de l'escadron à pied. École du cavalier à cheval. École du peloton à cheval. École de l'escadron à cheval. École du régiment. Considérations tactiques. École de brigade. École de division. Dispositions particulières pour les revues, les défilés, etc. Bruxelles, Guyot; 1883-1884. 3 vol. in-16 (reliés en 1 vol.).

Les règlements antérieurs sont catalogués sous les nos 2048 à 2052.

5426. **Ministero della guerra.** Regolamento di esercizi e di evoluzioni per la cavalleria. 13 aprile 1885. Roma, Voghera-Carlo; 1885, 3 tomes reliés en 1 vol. in-16.

Règlement d'exercices pour la cavalerie.

Le règlement de 1873-1878 est catalogué sous le n° 2064.

5427. Instruktion för Arméens rid- och remontskolor. Stockholm, Norstedt och Söner; 1879. 1 vol. in-16.

Instruction pour l'école d'équitation et de remonte de l'armée suédoise.

5428. Instruktion för Kavaleriets fältöfningar. Stockholm, Norstedt och Söner; 1881. 1 broch. in-16.

Instruction sur le service de campagne de la cavalerie suédoise.

_{L'instruction, traduite en français en 1873, est cataloguée sous le n° 2079.}

5429. Exercis-reglemente för Kavaleriet. Stockholm, Norstedt och Söner; 1882. 1 vol. in-16.

Règlement d'exercices pour la cavalerie suédoise.

5430. Instruktion i fäktning och gymnastik för svenska Kavaleriet. Stockholm, Norstedt och Söner; 1882. 1 broch. in-16.

Instruction sur l'escrime et la gymnastique dans la cavalerie suédoise.

5431. Skjutinstruktion för Kavaleriet. Stockholm, Norstedt och Söner; 1882. 1 vol. in-16.

Instruction sur le tir de la cavalerie suédoise.

5432. Reglamento para el ejercicio y maniobras de la caballeria. Madrid, Minuesa; 1869. 2 vol. in-12.

Règlement sur l'exercice et les manœuvres de la cavalerie espagnole.

5433. Regulations for the yeomanry cavalry. War office 1885. London, Clowes and sons; 1885. 1 vol. in-8°.

Règlement pour la cavalerie de la milice.

VI. Mélanges (Manuels, Aide-mémoire, Divers).

5434. Chabot (de). Aide-mémoire de l'officier de cavalerie en campagne. Paris, Baudoin et Cie; 1883. 1 vol. in-16.

5435. Poten. Militärischer Dienst-Unterricht für die Kavallerie des deutschen Reichsheeres. Zunächst für einjährig Freiwillige, Offizier-Aspiranten und jüngere Offiziere des Beurlaubtenstandes. Dritte Auflage. Berlin, Mittler und Sohn; 1884. 1 vol. in-8°.

Enseignement du service militaire à l'usage des volontaires d'un an de la cavalerie allemande, etc.

_{La 1re édition est cataloguée sous le n° 2107.}

Subd. j. — ARTILLERIE.

I. ORGANISATION DE L'ARTILLERIE.

5436. **Bouteron.** L'artillerie austro-hongroise en 1882. Paris, Baudoin et Cie; 1883. 1 vol. in-8°.
5437. **Pratt.** Field artillery its equipment, organisation, and tactics. London, Kegan; 1883. 1 vol. in-12.
    L'artillerie de campagne, son équipement, son organisation, sa tactique.
5438. **Beckerhinn.** L'artillerie de montagne dans les armées européennes. Étude complète de l'organisation, de l'armement et de l'équipement. Traduction de Bodenhorst. Bruxelles, Spineux; 1884.

II. TACTIQUE ET MANŒUVRE DE L'ARTILLERIE.

5439. **Corvisart (von).** Artilleriemasse und Divisionsartillerie. Berlin, Mittler und Sohn; 1883. 1 broch. in-8°.
    L'artillerie de corps et l'artillerie divisionnaire.
5440. **Halder.** Tir par batteries groupées considéré au point de vue tactique. Traduit de l'allemand par Capette. Gand, Vanderhaegen; 1883. 1 broch. in-8°.
5441. Ueber die Führung der Artillerie im Manöver und Gefecht. Hannover, Helwing; 1883. 1 vol. in-8°.
5442. De la conduite de l'artillerie dans les manœuvres et au combat. Traduit de l'allemand par Orth. Bruxelles, Merzbach et Falk; 1883. 1 vol. in-8°.
5443. **Hoffbauer.** L'emploi de l'artillerie dans les grandes combinaisons de troupes. Étude d'application exposée en conférence au cercle militaire de Posen, le 15 mars 1884.

Traduction du capitaine Bodenhorst. Bruxelles, Spineux et Cie; 1885. 1 broch. in-8°.

5444. **Hohenlohe-Ingelfingen (Kraft, Prinz zu)**. Militärische Briefe. Ueber Artillerie. Berlin, Mittler und Sohn; 1885. 1 vol. in-8°.

Lettres sur l'artillerie.

III. Armement. — Équipement. — Harnachement.

5445. **Wille**. Ueber die Bewaffnung der Feld-Artillerie. Berlin, Bath; 1880. 1 vol. in-8°.

De l'armement de l'artillerie de campagne.

5446. Waffen- Instruktion für die Artillerie und die Train-Truppe des K. K. Heeres. Wien, K. K. Hof- und Staatsdruckerei; 1882. 1 broch. in-8°.

Instruction sur l'armement de l'artillerie et du train de l'armée autrichienne.

5447. Instruction sur le matériel. Harnachement des chevaux d'artillerie. Bruxelles, Guyot; 1885. 1 vol. in-18.

<small>L'instruction de 1871 est cataloguée sous le n° 2153.</small>

5448. Instruction sur le matériel. Instruction sur la manière de harnacher et de charger les chevaux d'artillerie et de disposer les harnais dans les selleries ou dans les écuries. Bruxelles, Guyot; 1882. 1 broch. in-12.

<small>L'instruction de 1872 est cataloguée sous le n° 2154.</small>

5449. Instruction sur le matériel. Entretien du harnachement en service dans l'artillerie. Bruxelles, Guyot; 1885. 1 vol. in-18.

<small>L'instruction de 1872 est cataloguée sous le n° 2155.</small>

IV. Ordonnances et règlements.

5450. **Ministère de la guerre**. Règlement sur le service des batteries de 80 de montagne approuvé par le Ministre de la guerre le 22 mars 1882. Paris, imprimerie nationale; 1882. 1 vol. in-18.

5451. **Ministère de la guerre.** Décret du 28 décembre 1883 portant règlement sur le service intérieur des troupes de l'artillerie et du train des équipages militaires. Paris, Baudoin et Cie; 1884. 1 vol. in-16.

<small>Le règlement de 1830 est catalogué sous le n° 2160.</small>

5452. **Ministère de la guerre.** Addition au titre III du règlement du 17 avril 1869 sur le service des bouches à feu. Règlement sur le service des bouches à feu de petits calibres montées sur affût de siège et de place, approuvé par le ministre de la guerre le 21 juillet 1883. Paris, Baudoin et Cie; 1885. 1 vol. in-16.

<small>Le règlement du 17 avril 1869 est catalogué sous le n° 2171.</small>

5453. **Ministère de la guerre.** Extrait des décrets des 23 octobre et 28 décembre 1883 portant règlement sur le service dans les places de guerre et les villes de garnison et sur le service intérieur des troupes de l'artillerie et du train des équipages militaires. Paris, imprimerie nationale; 1885. 1 vol. in-16.

5454. **Ministère de la guerre.** Instruction provisoire pour la préparation des troupes d'artillerie à l'exécution du tir indirect dans les places, approuvé par le ministre de la guerre le 24 janvier 1885. Paris, imprimerie nationale; 1885. 1 broch. in-18.

5455. **Ministère de la guerre.** Règlement sur l'instruction à cheval dans les corps de troupe de l'artillerie, approuvé par le ministre de la guerre le 20 décembre 1884. Paris, Baudoin et Cie; 1885. 1 vol. in-16.

5456. Exerzir- Reglement für die Fuss- Artillerie. Berlin, Voss; 1883. 1 vol. in-12.

Règlement d'exercice de l'artillerie à pied.

5457. Directiven für die Abhaltung der applikatorischen Uebungen der Artillerie im Festungkriege. Wien, K. K. Hof- und Staatsdruckerei; 1875. 1 broch. in-12.

5458. Directives pour les exercices d'application de l'artillerie de siège et de forteresse. Prescriptions officielles données à l'artillerie autrichienne. Traduction du capitaine Bodenhorst de l'artillerie belge. Bruxelles, Spineux et C¹ᵉ; 1884; 1 broch. in-12.

5459. Allgemeine Bestimmungen über die Abhaltung der Uebungen der K. K. Artillerie im Batteriebau, in der Erzeugung und Behandlung der Munition und im Schiessen. Zweite Auflage. Wien, K. K. Hof- und Staatsdruckerei; 1880. 1 vol. in-4°.

> *Prescriptions générales sur la tenue des exercices de l'artillerie autrichienne relatifs à la construction des batteries, à la confection et au maniement des munitions, ainsi qu'au tir.*

5460. Règlements sur les exercices et les manœuvres de l'artillerie. Annexe aux titres III et IV. Exercice et tir du revolver modèle 1883, pour sous-officiers et trompettes montés. Bruxelles, Guyot; 1885. 1 broch. in-12.

Titre V. Chapitre VI. Instruction provisoire sur le service des batteries en station et dans les marches. Bruxelles, Guyot; 1883. 1 vol. in-12.

Titre VI. Chapitre III. Manœuvres de force. Bruxelles, Guyot; 1885. 1 vol. in-12.

Titre VII. Chapitre V. Chargement du chariot de batterie n° 2, de 8° (4) et de 9° (6). Bruxelles, Guyot; 1885. 1 broch. in-12.

Le règlement publié de 1872 à 1880 est catalogué sous le n° 2210.

5461. Instruction sur le matériel. Instruction sur les appareils culinaires et les cuisines de l'artillerie de campagne. Bruxelles, Guyot; 1880. 1 broch. in-18.

5462. Istruzione provisoria sul caricare e condurre bestie da soma per il treno d'artiglieria. Roma, Voghera; 1882. 1 broch. in-18.

> *Instruction provisoire sur le chargement et la conduite des bêtes de somme dans le train d'artillerie.*

5463. Servizio dell' artiglieria in campagna. Roma, Voghera; 1883. 1 broch. in-18.

> *Service de l'artillerie en campagne.*

V. Traités généraux d'artillerie.

5464. **Neumann.** Leitfaden für den Unterricht in der Waffenlehre an den Königlichen Kriegsschulen. Auf Befehl der General-Inspektion des Militär-Erziehungs- und Bildungs-Wesens ausgearbeitet. Dritte Auflage. Berlin, Mittler und Sohn; 1883. 1 vol. in-4°.
Cours d'artillerie à l'usage des écoles de guerre.

VI. Histoire de l'artillerie et des armes portatives.

5465. **Poncin.** De la science au moyen-âge. Archéologie balistique. Anvers, Legros; 1885. 1 vol. in-8°.

VII. Matériel de l'artillerie. — Établissements et arsenaux. — Fabrication des bouches a feu.

5466. **Kriegsfeuerwerkerei.** Vorschriften für die Anfertigung, Untersuchung, Verpackung und Aufbewahrung der Kriegsfeuer. Zweite Auflage des vierten Abschnittes : **Das Pulver.** Berlin, Voss; 1882, 1 vol. in-8°.
Artifices de guerre. Deuxième édition du chapitre IV : La poudre.
L'ouvrage est catalogué sous le n° 2403.

5467. **Morgan.** Handbook of artillery material. London, Clowes and Sons; 1884. 1 vol. in-8°.
Manuel du matériel d'artillerie.

5468. The Nordenfelt machine guns described in detail and compared with other systems ; also their employment for naval and military purposes. Portsmouth, Griffin and C°; 1884. 1 vol. in-4°.
Description du canon Nordenfelt et sa comparaison avec d'autres systèmes.

VIII Armes portatives.

5469. **Schmidt.** Le fusil suisse à répétition modèle de 1878-81 et la carabine suisse à répétition modèle de 1881 (système Vetterli). Berne, Lips; 1879-1882. 1 vol. format oblong.

5470. **Bornecque.** Les armes à répétition. Première partie. Les fusils à répétition. Deuxième partie. Les armes à répétition. Paris, Baudoin et Cie; 1883-1885. 2 vol. in-12.

5471. **Hanckar.** Ontwikkeling en inrichting der hedendaagsche handvuurwapenen. Den Haag, Van Cleef; 1883. 1 vol. in-8°.
Les armes à feu portatives modernes.

5472. Instruction über die Einrichtung und Behandlung der nach dem System Wänzl umgestalteten Gewehre und der dazu gehörigen Munition. Zweite Auflage. Wien, K. K. Hof- und Staatsdruckerei; 1883. 1 broch. in-12.
Instruction sur le fusil système Wänzl.

5473. **Ministère de la guerre.** Instruction sur les armes et les munitions en service dans les corps, approuvée le 30 août 1884. Paris, Imprimerie nationale; 1884. 1 vol. in-4°.

5474. **Guillaumot.** Le fusil rationnel. Deuxième édition. Bruxelles, Merzbach et Falk; 1884. 1 vol. in-8°.

IX. Projectiles.

X. Poudres. — Artifices.

5475. **Steerk.** Guide pratique de la fabrication des poudres et salpêtres suivi d'un appendice sur les feux d'artifice, par Spilt. Paris, Hetzel; 1 vol. in-12.

XI. Tir et balistique.

5476. **Bert.** Cours théorique de tir à l'usage de MM. les officiers élèves des écoles régionales de tir. Paris, Dumaine; 1876. 1 vol. in-8°.

5477. Instruktion für das Schiessen mit dem Revolver bei der Artillerie, der Train- und der Jäger-Truppe des K. K. Heeres. Wien, K. K. Hof- und Staatsdruckerei; 1882. 1 broch. in-12.

Instruction sur le tir du revolver à l'usage de l'artillerie, du train et des bataillons de chasseurs.

5478. **Rohne.** Le tir de l'artillerie de campagne (das Schiessen der Feld-Artillerie). Traduction de Bodenhorst. Bruges, De Laroière; 1882. 1 vol. in-8°.

<small>L'édition allemande est cataloguée sous le n° 2692.</small>

5479. Instruction für das Schiessen mit dem Extra-Corps-Gewehr bei der Festungs-Artillerie des K. K. Heeres. Wien, K. K. Hof- und Staatsdruckerei; 1883. 1 broch. in-12.

Instruction sur le tir du fusil de rempart à l'usage de l'artillerie de place.

5480. Règlement sur l'instruction du tir approuvé par le ministre de la guerre le 11 novembre 1882. Paris, imprimerie nationale; 1883. 1 vol. in-12.

5481. Cours des écoles de tir. Tome premier. Cours théorique. Tome second. Armement et feux de l'infanterie. Paris, Baudoin et Cie; 1884-1885. 2 vol. in-8°.

5482. Instruction sur l'enseignement du tir. Saint-Pétersbourg, 1884. 1 vol. in-16. (*Texte russe.*)

XII. Ponts militaires.

XIII. — Batteries. — Armement des places.

XIV. Mélanges. (Aide-mémoire. — Manuels. — Manoeuvres de force. — Remonte. — Divers.)

5483. Aide-mémoire à l'usage des officiers d'artillerie. Quatrième édition. Paris, Dumaine; 1879-1884. 4 vol. in-8° plus 1 vol. de table et 1 vol. d'annexes.

<small>Les éditions précédentes sont cataloguées sous les n°^{s} 2754 à 2756.</small>

5484. Ministère de la guerre. Cours spécial à l'usage des sous-officiers d'artillerie. Approuvé par le ministre de la guerre le 20 juillet 1881. Paris, imprimerie nationale; 1882. 1 vol. in-8°.

5485. Aide-mémoire portatif de campagne à l'usage des officiers d'artillerie. Paris, imprimerie nationale; 1883. 1 vol. in-8°.

<small>L'aide-mémoire de 1864 est catalogué sous le n° 2778.</small>

5486. Plessix. Manuel complet d'artillerie rédigé conformément au programme du cours d'artillerie professé à l'école spéciale militaire et au programme d'admission à l'école supérieure de guerre. Paris, Baudoin et Cie; 1883. 2 vol. in-8°.

5487. Abel und Dilthey. Militärischer Dienst-Unterricht für einjährig Freiwillige, Reserve-Offizier-Aspiranten und Offiziere des Beurlaubtenstandes der Feld-Artillerie. Zweite Auflage. Berlin, Mittler und Sohn; 1884. 1 vol. in-8°.

Enseignement du service militaire à l'usage des volontaires d'un an, de l'artillerie de campagne, etc.

<small>La 1re édition est cataloguée sous le n° 2789.</small>

5488. Tscharner. Carnet militaire de l'artillerie suisse. Traduit par Pagan. Genève, Georg; 1885. 1 vol. in-18.

Subd. K. — GÉNIE MILITAIRE.

I. Organisation du génie.

II. Armement, équipement, outils, instruments, matériel.

5489. Waffen-Instruktion für die Genie-Truppe und das Pionnier-Regiment des K. K. Heeres. Wien, K. K. Hof- und Staatsdruckerei; 1882. 1 broch. in-12.
Instruction sur l'armement des troupes du génie et du régiment de pionniers autrichiens.

III. Ordonnances et règlements.

5490. Schiess-Instruktion für die Genie-Truppe und das Pionnier Regiment des K. K. Heeres. Wien, K. K. Hof- und Staatsdruckerei; 1882. 1 vol. in-12.
Instruction de tir à l'usage des troupes du génie et du régiment de pionniers autrichiens.

5491. Regulations for the royal enginer department to which is added an appendix. War office, 1st December 1882. London, Clowes and Sons; 1882. 1 vol. in-8°
Règlement concernant le département du génie.
L'édition de 1873 est cataloguée sous le n° 2820.

IV. Traités généraux de fortification.

5492. **Plessix** et **Legrand**. Manuel complet de fortification rédigé conformément au programme du cours professé à l'école spéciale militaire et au programme d'admission à l'école supérieure de guerre. Paris, Berger-Levrault et Cie; 1883. 1 vol. in-8°.

5493. **Schueler.** Leitfaden für den Unterricht in der Befestigungskunst und im Festungskrieg an den Königlichen Kriegsschulen. Vierte Auflage. Berlin, Mittler und Sohn; 1884. 1 vol. in-4°.
Manuel du cours de fortification à l'usage des écoles de guerre.

5494. **Valle.** Breve trattato di fortificazione ad uso dei signori ufficiali delle armi di linea. Firenze, Le Monnier; 1884. 1 vol. in-12.
Traité de fortification abrégé à l'usage des officiers de la ligne.

5495. **Brialmont.** La fortification du temps présent. Bruxelles, Guyot frères; 1885. 2 vol. in-8° avec 1 atlas in-f°.

5496. **Cambrelin.** La fortification de l'avenir. Innovations dans l'art de la fortification, basées sur l'emploi du fer. Application aux forts de positions. Gand, Hoste; 1885. 1 vol. in-8° avec un atlas du même format.

5497. Traité de fortification passagère. Extrait de l'encyclopédie théorique et pratique des connaissances civiles et militaires publiée sous le patronage de la Réunion des officiers avec le concours d'officiers de toutes armes. Rédacteur en chef : Désiré Lacroix. Paris, Lainé et Cie; 1885. 1 vol. in-4°.

5498. Traité de fortification permanente et semi-permanente. Extrait de l'encyclopédie théorique et pratique des connaissances civiles et militaires publiée sous le patronage de la Réunion des officiers, avec le concours d'officiers de toutes armes. Rédacteur en chef : Désiré Lacroix. Paris, Lainé et Cie; 1885. 1 vol. in-4°.

V. Histoire de la fortification.

VI. Attaque et défense des places et des côtes. — Sapes, mines, barrages, torpilles.

5499. **Sarrepont** (de). Art militaire sous-aquatique. Les torpilles. 3e édition avec supplément. Paris, Baudoin et Cie; 1883. 1 vol. in-8°.
La première édition est cataloguée sous le n° 3106.

5500. **Hennebert.** Les torpilles. Paris, Hachette et Cie; 1884. 1 vol. in-12.

5501. De l'organisation des places fortes et de leur défense, par le capitaine J... Paris, Baudoin et Cie; 1884. 1 vol. in-8°.

5502. **Râtz.** L'attaque des camps retranchés. Étude complète de l'attaque des places modernes au point de vue de la stratégie, de la tactique, de l'artillerie et de la fortification. Traduction du capitaine Bodenhorst. Bruxelles, Spineux et Cie; 1885. 1 vol. in-8°.

VII. Moyens de transport et de communication.

5503. **Bon de Sousa.** Ante-projecto de organisação de telegraphia militar seguido de elementos de telegraphia electrica, theorica e pratica. Lisboa, imprensa nacional; 1876, 1 vol. in-8°.
Avant-projet d'organisation de la télégraphie militaire.

5504. **Perre de Roo** (La). Le pigeon messager ou guide pour l'élève du pigeon voyageur et son application à l'art militaire. Paris, Deyrolle; 1877. 1 vol. in-8°.

5505. **Myer.** A manual of signals for the use for signal officers in the field and for military and naval students, military schools, etc. Washington, government printing office; 1879. 1 vol. in-8°.
Manuels des signaux militaires et maritimes.

5506. **Ministero della guerra.** Regolamento sul servizio telegrafico in campagna (27 maggio 1880). Roma, Voghera; 1880. 1 broch. in-18.
Règlement sur le service télégraphique en campagne.

5507. **Ministero della guerra.** Regolamento sul servizio postale in campagna (17 giugno 1880). Roma, Voghera; 1880. 1 broch. in-18.
Règlement sur le service postal en campagne.

5508. **Ministero della guerra.** Regolamento per il personale ferroviario e telegrafico soggetto ad obligo militare in caso di mobilitazione del regio esercito (16 maggio 1880). Roma, Voghera; 1880. 1 broch. in-18.

Règlement pour le personnel des chemins de fer et télégraphes destiné au service militaire en cas de mobilisation.

5509. **Bon de Sousa.** Serviço dos pombos-correios nos exercitos em campanha e seu emprego no recreio e industria particular. Lisboa, typographia das Horas Romanticas; 1881. 1 vol. in-8°.

Service des pigeons voyageurs dans les armées en campagne.

5510. **Salazar del Valle.** Manual de telegrafia militar. Manila, Ramirez y Giraudier; 1881. 1 vol. in-8°.

Manuel de télégraphie militaire.

5511. **Bon de Sousa.** Memoria sobre a telegraphia electrica militar na exposição de electricidade em Paris, 1881, seguida de um tratado de telegraphia de signaes para uso de exercito. Lisboa, imprensa nacional; 1883. 1 vol. in-8°.

Mémoire sur la télégraphie électrique militaire à l'exposition de Paris, 1881.

5512. **Schomann-Rostock.** Die Brieftaube. Ihre Geschichte, Zucht, Pflege und Dressur sowie ihre Verwendung zu militärischen und anderen Zwecken. Rostock, Werther; 1883. 1 vol. in-8°.

Le pigeon voyageur étudié au point de vue militaire.

5513. **Steenackers.** Les télégraphes et les postes pendant la guerre de 1870-1871. Fragments de mémoires historiques. Paris, Charpentier; 1883. 1 vol. in-8°.

5514. Organische Bestimmungen für die Feld-Signal Abtheilungen. Wien, K. K. Hof- und Staatsdruckerei; 1884. 1 broch. in-12.

Prescriptions organiques relatives aux subdivisions chargées des signaux de campagne.

5515. Organische Bestimmungen und Dienstvorschrift für die

Feldpost der K. K. Armee. Wien, K. K. Hof- und Staatsdruckerei; 1884. 1 broch. in-16.

Dispositions organiques et règlement de service pour la poste de campagne autrichienne.

5516. **Chauvin** (von). Organisation der elektrischen Telegraphie in Deutschland für die Zwecke des Krieges. Berlin, Mittler und Sohn; 1884. 1 vol. in-8°.

Organisation de la télégraphie électrique en Allemagne en vue de la guerre.

5517. Organisation militaire des chemins de fer. Paris, Baudoin et Cie; 1884. 1 broch. in-8°.

5518. The signal service. Article LXXXV. Washington; 1885. 1 broch. in-4°.

Le service des signaux.

VIII. ARCHITECTURE ET CONSTRUCTION MILITAIRES. — DEVIS. — ADJUDICATIONS.

IX. SERVITUDES MILITAIRES.

X. EMPLOI DES TROUPES AUX TRAVAUX PUBLICS.

XI. MÉLANGES (MANUELS, AIDE-MÉMOIRE, DIVERS).

5519. **Pukl.** Leitfaden für den Unterricht im Pionnierdienste. Zum Gebrauche für die K. K. Militär-Akademie zu Wiener-Neustadt, die Artillerie-Abtheilung der technischen Militär-Akademie zu Wien, für die Infanterie-Kadetten-Schulen, die Kavallerie- und Artillerie-Kadettenschule, dann für Einjährig-Freiwillige. Wien, Seidel und Sohn; 1879-1884. 2 tomes reliés en 1 vol. in-8°.

Guide pour l'enseignement du service du pionnier.

5520. **Snijders.** Handboek der pionierkunst voor het Nederlandsche Leger. Mineurdienst te velde. Schiedam, Roelants; 1884. 1 vol. in-8°.

Manuel de l'art du pionnier.

Subd. 1. — TRAIN MILITAIRE.

I. Organisation et service du train militaire.

5521. **Schäffer (von).** Der Kriegs-Train des deutschen Heeres in seiner gegenwärtigen Organisation, nebst einem Anhang: Das Feldverpflegs- und Transportwesen in den letzten deutschen Kriegen. Berlin, Mittler und Sohn; 1883. 1 vol. in-8°.
Le train de guerre de l'armée allemande et son organisation actuelle.

II. Armement, équipement, harnachement, matériel.

III. Ordonnances et règlements.

5522. Exerzir-Reglement für den Train. Berlin, Mittler und Sohn; 1884. 1 vol. in-8°.
Règlement d'exercice pour le train.

5523. Instruction für den technisch-administrativen Dienst bei den Anstalten des Train-Zeugswesens. Wien, K. K. Hof- und Staatsdruckerei; 1884. 1 vol. in-12.
Instruction sur le service technique et administratif dans les établissements ressortissant au train.

5524. Train-Vorschrift für die Armee im Felde. Wien, K. K. Hof- und Staatsdruckerei; 1884. 1 broch. in-12.
Règlement sur le service du train en campagne.

5525. Anleitung zu den Handhabungen mit dem Train-Material für die K. K. Train-Truppe. Wien, K. K. Hof- und Staatsdruckerei; 1883. 1 broch. in-12.
Instruction sur l'emploi du matériel de train.

IV. Mélanges (manuels, aide-mémoire, divers).

Subd. III. — INSTRUCTION. — ÉDUCATION. — LITTÉRATURE MILITAIRE.

—

1. ÉCOLES ET ACADÉMIES MILITAIRES.

5526. **Ministero della guerra.** Regolamento pei collegi militari. Roma, Voghera; 1881. 1 vol, in-8°.
   Règlement pour les colléges militaires.

5527. **Ministero della guerra.** Regolamento per la scuola di guerra. Roma, Voghera; 1883. 1 broch. in-8°.
   Règlement pour l'école de guerre.

5528. **Ministeri della istruzione publica e della guerra.** Regolamento provisorio pei convitti nazionali di Milano (Longone) e di Salerno. Roma, Voghera Carlo; 1885. 1 broch. in-8°.
   Règlement provisoire pour l'organisation militaire des internats (athénées) de Milan et de Salerne.

5529. Bestimmungen über Organisation und Dienstbetrieb der Kriegsschulen (« Kriegsschulinstruktion ») vom 1. Juli 1882. 1 broch. in-8°.
   Dispositions relatives à l'organisation et au service des écoles de guerre.

5530. **Spalding (von).** Die Entstehung, Entwickelung und Einrichtung der Königlichen Unterofficier-Schule zu Jülich. Berlin, Mittler und Sohn; 1882. 1 broch. in-8°.
   L'origine, le développement et l'organisation de l'école de sous-officiers établie à Juliers.

5531. **Mortimer d'Ocagne.** Les grandes écoles de France. Paris, Hetzel et Cie; 1883. 1 vol. in-12.

5532. Règlement sur les écoles régimentaires, écoles de compagnie, d'escadron, etc. Saint-Pétersbourg; 1875. 1 vol. in-8°. (*Texte russe.*)

INSTRUCTION. — ÉDUCATION.

II. Enseignement.

5533. **Ministero della guerra.** Norme e programmi per gli esami dei volontari di un anno e prescrizioni circa il trattamento, la disciplina, la istruzione e servizio loro. Roma, Voghera; 1878. 1 broch. in-8°.
Programme d'examens des volontaires d'un an.

5534. **Chambre des Représentants.** Commission d'enquête scolaire. Examens institués par le département de la guerre à l'effet de constater le degré d'instruction des miliciens à leur entrée dans l'armée et lors de leur départ en congé. Infanterie : Régiment des carabiniers. Cavalerie et artillerie : 2ᵉ régiment des guides et 5ᵉ régiment d'artillerie de siège. Examens subis le 16 octobre 1882. Bruxelles, Hayez; 1883. 2 vol. in-4°.

5535. **Wedell (von).** Vorbereitung für das Examen zur Kriegs-Akademie. Ein Rathgeber zum Selbststudium. Dritte durchgesehene und vermehrte Auflage. Berlin, Eisenschmidt; 1883. 1 vol. in-8°.
Préparation à l'examen d'admission à l'académie militaire en Prusse.

_{Les deux premières éditions de cet ouvrage sont cataloguées sous les nᵒˢ 3285 et 3286.}

5536. **Bartels.** Leitfaden für den Unterricht in der Heeres-organisation auf den Königlichen Kriegsschulen. Auf Befehl der General-Inspektion des Militär-Erziehungs- und Bildungs-Wesens ausgearbeitet. Berlin, Bath; 1884. 1 vol. in-4°.
Manuel du cours d'organisation militaire à l'usage des écoles de guerre.

5537. Examen pédagogique subi lors du recrutement pour l'année 1884. Publié par le bureau de statistique du département fédéral de l'intérieur. Bern, Orell, Füssli et Cⁱᵉ; 1884. 1 broch. in-4°.

III. Equitation.

5538. **Lagondie (de).** Le cheval et son cavalier. Hippologie. Équitation. École pratique pour la connaissance, l'éducation, la conservation, l'amélioration du cheval de course, de chasse, de guerre. Paris. Rothschild; 1884. 1 vol. in-12.

IV. Gymnastique. — Escrime. — Natation.

5539. **(Hanckar).** Leiddraad bij de schermoefeningen. Breda, Brœse; 1881. 1 broch. in-16.
Guide pour l'enseignement de l'escrime.
5540. **(Hanckar).** Handleiding bij de gymnastische œfeningen. Uitgegeven op last van het departement van oorlog. Breda, Brœse; 1883. 1 broch. in-16.
Guide pour l'enseignement de la gymnastique.
5541. **Norlander et Martin.** Manuel de gymnastique rationnelle suédoise à l'usage des écoles primaires, des écoles moyennes. des athénées, des écoles normales, de l'armée et de la marine, publié d'après les meilleures sources. Bruxelles, Manceaux ; 1883. 1 vol. in-8°.
5542. **Brunet.** Traité d'escrime, pointe et contre-pointe. Paris, Rouveyre et Blond; 1884. 1 vol. in-12.

V. Littérature militaire.

5543. **Schuster (G.-H.).** Correspondance militaire ou Recueil de modèles, pièces et actes authentiques relatifs au service militaire, contenant : rapports, pétitions, ordres du jour, dispositions de tactique, plans d'opération, proclamations, instructions, ordonnances, notes, communications par écrit avec l'ennemi, traités de guerre, etc., avec un vocabulaire militaire français-allemand. Vienne, Rohrmann; 1842, 1 vol. in-8°.

VI. Encyclopédies. — Manuels généraux. — Dictionnaires. — Catalogues militaires.

5544. **Doisy.** Essai de bibliologie militaire. Paris. Anselin et Pochard; 1824. 1 vol. in-8°.

5545. **Nordensvan och von Krusenstjerna.** Handbok för svenska härens befäl. Stockholm, Norstedt och söners; 1879-1880. 2 vol. in-12.
   Manuel à l'usage des cadres de l'armée suédoise.

5546. **Bosi.** Dizionario storico, biografico, topografico, militare d'Italia compilato sulla scorta delle più accreditate opere antiche e moderne. 3ª edizione. Torino, Candeletti; 1882. 1 vol. in-12.
   Dictionnaire historique, biographique, topographique et militaire de l'Italie.

5547. Catalogus der bibliotheek van het Departement van Oorlog. Eerste supplement (tot 31 december 1878). Tweede supplement (tot 31 december 1881). Derde supplement (1882 en 1883). 's Gravenhage, Van Cleef; 1879-1882-1884. 3 suppléments reliés en 1 vol. in-8°.
   L'ouvrage est catalogué sous le n° 3485.

5548. **Hirsch.** Répertoire d'articles militaires pris des journaux de l'Allemagne, de la France, de l'Italie et de la Suisse. Cologne, Warnitz et Cie; 1882. 1 vol. in-8°.

5549. **Costa de Serda et Litschfousse.** Carnet aide-mémoire de manœuvres et de campagne à l'usage de toutes les armes. Paris, Baudoin et Cie; 1883. 1 vol. in-8°.
   L'édition de 1880 est cataloguée sous le n° 3486.

5550. **Jaitner.** Der militär-Referent. Handbuch für Adjutanten, Militär-Administrations- und Generalstabs- Offiziere dann detachirte commandanten. Wien, Karst; 1883. 1 vol. in-8°.
   Agenda militaire. Manuel à l'usage des aide-de-camp, des adjudants-majors, des officiers d'administration et des officiers d'état-major.

5551. **Ministère de la guerre.** Bibliothèque du dépôt de la guerre. Catalogue. Paris, Imprimerie nationale; 1883-1884. 2 vol. in-8°.
   Le catalogue de 1861 est catalogué sous le n° 3465.

Subd. n. — GÉOGRAPHIE MILITAIRE. — MÉMOIRES MILITAIRES SUR LA BELGIQUE ET LES PAYS ÉTRANGERS.

I. Géographie militaire.

5552. **Mariotti.** Étude militaire, géographique, historique et politique sur l'Afghanistan. Paris, Dumaine; 1879. 1 broch. in-8°.

5553. **Clerc.** Les Alpes françaises. Études de géologie militaire. Paris, Berger-Levrault et Cie; 1882. 1 vol. in-8°.

5554. **Wittinghausen und Szatmárvár (Fülek von).** Das Königreich Serbien geographisch-militärisch dargestellt. Pressburg, Heckenast; 1883. 1 vol. in-8°.

Le royaume de Serbie exposé au point de vue géographique militaire.

5555. **Bollinger.** Géographie militaire de la Suisse. Traduit de la 2e édition allemande, par de Crousaz. Lausanne, Benda; 1884. 1 vol. in-8°.

La 1re édition allemande est cataloguée sous le n° 3536.

5556. **Marga.** Géographie militaire. Première partie. Généralités et la France. Deuxième partie. Principaux états de l'Europe. Paris, Berger Levrault et Cie; 1884-1885. 5 vol. in-8° avec deux atlas in-4°.

5557. **Niox (G.).** Algérie. Géographie physique. Paris, Baudoin et Cie; 1884. 1 vol. in-12.

Les autres volumes de géographie militaire sont catalogués sous le n° 3535.

5558. **(Peny).** La France par rapport à l'Allemagne. Étude de géographie militaire. Bruxelles, Merzbach et Falk; 1884. 1 vol. in-8°.

II. Mémoires militaires sur la Belgique.

III. Mémoires militaires sur les pays étrangers.

5559. Considérations sur le système défensif de la France. Publicité interdite. Paris, Donnaud; 1872. 1 broch. in-8°.

5560. L'Allemagne en face de la Russie, par le major Z***. Paris, Baudoin et Cie; 1882. 1 broch. in-8°.

5561. **Bornecque.** Examen du système de fortification dans les principales puissances de l'Europe d'après l'étude du major du génie autrichien Blasek. Paris, Dumaine; 1882-1885. 2 vol. in-8°.

5562. **Quillet Saint-Ange.** Le camp retranché de Paris. Paris, Ollendorf; 1882. 1 vol. in-8°.

5563. La fortification et la défense de la frontière allemande-française. Exposé à l'armée allemande par un officier allemand, traduit par de Margon. Paris, Baudoin et Cie; 1883. 1 vol. in-12.

5564. **Hennebert.** L'Europe sous les armes. Paris, Jouvet et Cie; 1884. 1 vol. in-12.

Subd. O. — **MARINE MILITAIRE. — COLONIES.**

—

I. Organisation de la marine et des troupes. — Recrutement.

5565. **Cornulier (de).** Le personnel de service à bord de la marine anglaise. Paris, Berger-Levrault et Cie; 1883. 1 vol. in-8°.

II. Histoire de la marine. — Biographie des marins célèbres.

5566. **Jurien de la Gravière (vice-amiral).** La marine des Ptolémées et la marine des Romains. Tome premier. La marine de guerre. Tome second. La marine marchande. Paris, Plon, Nourrit et Cie; 1885. 2 vol. in-12.

III. Matériel. — Constructions navales.

5567. **Chavantes.** Compendio de apparelho dos navios para uso dos alumnos do eschola de marinha. Premiado, publicado e adoptado pelo governo imperial. Rio de Janeiro, Lombaerts; 1881. 1 vol. in-4°.
Description des agrès, voiles, cordages, etc., des navires, à l'usage des élèves de l'école de marine.

5568. **Gougeard.** La marine de guerre. Son passé et son avenir. Cuirassés et torpilleurs. Paris, Berger-Levrault et Cie; 1884. 1 vol. in-8°.

IV. Navigation.

V. Tactique navale.

VI. Artillerie navale.

5569. Résumé des principales expériences de tir contre les cuirasses exécutées à l'étranger. Paris, Baudoin et Cie; 1882. 1 vol. in-8°.

VII. Établissements maritimes.

VIII. Ordonnances et règlements.

IX. Mélanges.

5570. **Doneaud.** Aide-mémoire de l'officier de marine (marine militaire et marine marchande). Notions pratiques de droit maritime international et commercial. Paris, Hetzel et Cie; 1866. 1 vol. in-12.

X. Colonies

5571. **Avalle.** Notices sur les colonies anglaises. Paris, Berger-Levrault et Cie; 1883. 1 vol. gr. in-8°.

Sud. p. — MÉLANGES.

5572. **Civry** (de). Les armées improvisées. Paris, Dumaine; 1882. 1 vol. in-8°.
5573. **Flamache**. L'art de la guerre à l'exposition d'électricité de Paris en 1881. Bruxelles, Lefèvre; 1882. 1 vol. in-8°.
5574. **1900**. Garde à vous ! De la Sprée à l'Escaut par la Marne. Paris, Dumaine; 1882. 1 broch. in-8°.
5575. **Grandclément**. Questions militaires à l'ordre du jour. Paris, Baudoin et Cie; 1883. 1 vol. in-12.
5576. Der Oesterreichisch-Russische Zukunftskrieg. Eine Studie über den wahrscheinlichen strategischen Aufmarsch der österreichischen und russischen Streitkräfte längs der galizischen Grenze. Hannover, Helwing; 1884. 1 broch. in-8°.
   La prochaine guerre entre l'Autriche et la Russie.
5577. L'armée et la démocratie. Le service de trois ans, le service de cinq ans et de six mois, le remplacement, la suppression des appels des réservistes et des territoriaux. Paris, Calman Lévy; 1885. 1 vol. in-12.
5578. **Nestor**. L'armée et la France de 1885. Réponse à l'auteur de « L'armée et la démocratie ». Paris, Westhausser; 1885. 1 broch. in-8°.
5579. **Hennebert**. L'art militaire et la science. Le matériel de guerre moderne. Les poudreries, les bouches à feu, les forteresses modernes, les camps retranchés, les torpilles, les aérostats, transport des dépêches, reconnaissances, etc. Paris, Masson; 1885. 1 vol. in-8°.

Section II. — HISTOIRE MILITAIRE.

Sub. q. — HISTOIRE MILITAIRE GÉNÉRALE. — CHRONOLOGIE ET ÉPHÉMÉRIDES MILITAIRES.

Subd. r. — HISTOIRE MILITAIRE DES ANCIENS ET DU MOYEN-AGE.

I. Histoire militaire générale des anciens.

II. Histoire militaire des Grecs.

5580. **Jurien de la Gravière.** Les campagnes d'Alexandre. L'héritage de Darius. Paris, Plon et Cie; 1883. 1 vol. in-12.

III. Histoire militaire des Romains.

IV. Histoire militaire du Moyen-Age.

Subd. 8. — HISTOIRE MILITAIRE DEPUIS LA FIN DU MOYEN-AGE JUSQU'A LA RÉVOLUTION FRANÇAISE.

I. Guerres d'Italie; 1494-1559.

II. Ligue de Cambray contre la République de Venise; 1508.

III. Guerres de Charles-Quint; 1515-1555.

IV. Conquête du Mexique par les Espagnols; 1519-1521.

V. Guerre des Turcs contre les Chevaliers de Rhodes; 1522.

VI. Soulèvement des Pays-Bas contre la domination espagnole; 1555-1609, 1621-1648.

VII. Guerre de religion en France; 1562-1629.

VIII. Guerre de trente-ans; 1618-1648.

5581. **Ridderstadt.** 1632-1882. Gustaf II. Adolfs deltagande i trettioåriga kriget. Stockholm, tryckt i central-tryckeriet, 1882. 1 vol. in-8°.

Gustave II Adolphe et sa participation à la guerre de 30 ans.

IX. Guerre de la France contre l'Autriche et l'Espagne dans la Valteline; 1635-1637.

X. Guerre des États du Nord; 1648-1721.

XI. Guerre de la France et de l'Angleterre contre la Hollande; 1672-1678.

XII. Guerre des Hongrois et des Turcs contre l'Autriche, la Pologne et l'Allemagne; 1682-1699.

XIII. Guerre des Vénitiens contre les Turcs; 1684-1690.

XIV. Guerre soutenue par la France contre l'Allemagne, les Pays-Bas, l'Angleterre, l'Espagne et la Savoie; 1688-1697.

5582. **Monnier.** Le combat de Steenkerque entre les Français et les alliés, 3 août 1692; suivi d'une note sur un combat livré à Steenkerque entre César et les Nerviens vers l'an 54 avant notre ère. Louvain. Lefever-Delahaye; 1883. 1 broch. in-8°.

XV. Guerre de la succession d'Espagne; 1701-1713.

XVI. Guerre de la France, de l'Espagne et de la Sardaigne, contre l'empire d'Allemagne et l'Autriche; 1733-1738.

XVII. Guerre entre la Russie et la Porte, a laquelle l'Autriche prend part; 1735-1739.

XVIII. Guerre de la succession d'Autriche; 1740-1748.

5583. **Crousse.** La guerre de la succession d'Autriche dans les provinces belgiques. Campagnes de 1740 à 1748 avec une biographie du maréchal de Saxe et deux cartes. Bruxelles, Lebègue et Cie; 1885. 1 vol. in-8°.

XIX. Première et deuxième guerre de Silésie; 1740-1742; 1744-1745.

XX. Guerre de sept ans; 1756-1763.

XXI. Guerre entre la Porte et la Russie; 1768-1774.

XXII. Guerre de l'Indépendance des États-Unis; 1775-1783.

XXIII. Guerre de la succession de Bavière; 1778-1779.

XXIV. Guerre entre l'Angleterre et l'Espagne; 1779-1783.

XXV. Expédition des Prussiens en Hollande; 1787.

XXVI. Mélanges.

5584. **Pajol.** Les guerres sous Louis XV. Paris, Firmin-Didot et Cie; 1881-1885. 4 vol in-8°.

Subd. t. — HISTOIRE MILITAIRE DEPUIS LA RÉVOLUTION FRANÇAISE JUSQU'A NOS JOURS.

I. Guerre des patriotes belges; 1787-1790.

II. Guerres de la Révolution française; 1792.

III. Guerres de la Vendée; 1793-1796.

IV. Première coalition contre la France; 1793-1797.

5585. **Desprez.** Les armées de Sambre et Meuse et du Rhin. Paris, Baudoin et Cie; 1884. 1 vol. in-12.

V. Guerre de l'insurrection polonaise; 1774-1795.

VI. Guerre de l'insurrection suisse; 1795.

VII. Expédition française en Égypte et en Syrie; 1798-1801.

VIII. Descente de l'armée anglo-russe en Hollande; 1799.

IX. Deuxième coalition contre la France; 1799-1801.

X. Expédition de Saint-Domingue; 1802.

XI. Troisième coalition contre la France; 1805.

5586. **Mikhaïlowski-Danilewski.** Relation de la campagne de 1805 (Austerlitz). Traduite du russe par Narischkine. Paris, Dumaine; 1846. 1 vol. in-8°.

XII. Guerre de la France contre la Prusse et la Russie; 1806-1807.

XIII. Guerre de la France contre l'Espagne, le Portugal et l'Angleterre; 1807-1814.

XIV. Guerre de l'Indépendance des États de l'Amérique du Sud; depuis 1808.

XV. Guerre entre la France et l'Autriche; 1809.

XVI. Guerre de la France et de ses alliés contre la Russie; 1812.

XVII. Quatrieme coalition contre la France; 1813-1814.

5587. **Vignolle (Général comte de).** Précis historique des opérations militaires de l'armée d'Italie, en 1813 et 1814. Paris, Barrois; 1817. 1 vol. in-8°.

XVIII. Cinquième coalition contre la France; 1815.

XIX. Guerre de l'Indépendance de la Grèce; 1821-1829.

XX. Guerre entre la France et l'Espagne; 1823.

XXI. Guerre des Hollandais aux Indes orientals; 1825-1830.

XXII. Guerre entre les Turcs et les Russes en Europe et en Asie; 1828-1829.

XXIII. Guerre de la révolution en Pologne; 1830-1831.

XXIV. Guerre de la révolution belge, 1830-1832.

5588. **Cruyplants.** Cinquantième anniversaire de l'indépendance de la Belgique. Souvenirs d'un volontaire de 1830. Gand, Vanderhaeghen; 1880. 1 vol. in-8°.

XXV. Guerre des Français en Algérie, depuis 1830.

5589. **Margon (de).** Insurrections dans la province de Constantine de 1870 à 1880. Paris, Berger-Levrault; 1883. 1 vol. in-12.

5590. **Montagnac (de).** Neuf années de campagne en Afrique. Correspondance inédite du colonel de Montagnac, publiée par son neveu. Paris, Plon; 1885. 1 vol. in-8°.

XXVI. Guerre des Turcs contre Mehemet-Ali, vice-roi d'Égypte; 1831-1840.

XXVII. Guerre des Russes contre les Circassiens; 1831-1859.

XXVIII. Guerre civile en Portugal; 1832-1834.

XXIX. Guerre civile en Espagne; 1833-1840, 1848, 1872-1876.

XXX. Guerre des Anglais en Chine; 1839-1841.

XXXI. Guerre civile en Suisse; 1847.

XXXII. Guerre des États-Unis contre le Mexique; 1847-1848.

XXXIII. Guerre de l'Autriche contre l'Italie et la Hongrie; 1847-1849.

XXXIV. Guerre du Schleswig-Holstein; 1848-1850.

XXXV. Guerre civile en Prusse, en Saxe et dans le Grand-Duché de Bade; 1848-1849.

XXXVI. Expédition française en Italie et guerre de Sicile; 1849.

XXXVII. Guerre d'Orient, entre l'Angleterre, la France et la Turquie contre la Russie; 1853-1856.

XXXVIII. Guerre des Anglais dans l'Inde; 1857-1858.

XXXIX. Guerre d'Italie, entre la France et le Piémont contre l'Autriche; 1859.

XL. Guerre des Anglais et des Français en Chine, en Cochinchine et au Japon; 1859-1864.

5591. **Hérisson** (d'). Journal d'un interprète en Chine. Neuvième édition. Paris, Ollendorff; 1886. 1 vol. in-12.

XLI. Guerre entre l'Espagne et le Maroc; 1859-1860.

XLII. Guerre du Piémont contre les États de l'Église et le royaume des Deux-Siciles; 1860-1861.

XLIII. Expédition de Syrie ; 1860-1861.

XLIV. Guerre civile entre les États-Unis du Nord et du Sud ; 1860-1865.

5592. **Paris (comte de).** Histoire de la guerre civile en Amérique. Paris, Michel Lévy ; 1874-1883. 6 vol. in-8° avec trois atlas in-folio.

XLV. Expédition des Français au Mexique ; 1862-1866.

5593. **Schrynmakers (de).** Le Mexique. Histoire de l'établissement et de la chute de l'empire de Maximilien (d'après des documents officiels). Deuxième édition. Bruxelles, Castaigne ; 1885. 1 vol. in-8°.
<small>La 1re édition est cataloguée sous le n° 4474.</small>

XLVI. Guerre de la Prusse et de l'Autriche contre le Danemark ; 1864.

5594. **Burdin d'Entremont.** L'armée danoise et la défense du Sundevit en 1864. Paris, Baudoin et Cie ; 1885. 1 vol. in-12.

XLVII. Guerre du Paraguay contre le Brésil et les Républiques Argentines et de l'Uruguay ; 1865-1870.

XLVIII. Guerre entre l'Espagne et le Chili ; 1866.

XLIX. Guerre de la Prusse et de l'Italie contre l'Autriche et la Confédération Germanique ; 1866.

L. Expédition des Anglais en Abyssinie ; 1867-1868.

LI. Insurrection de la Dalmatie ; 1869.

LII. Guerre entre la France et l'Allemagne ; 1870-1871.

5595. **Bonnet.** Guerre franco-allemande. Résumé et commentaires de l'ouvrage du grand état-major prussien. Paris, Dumaine; 1878-1883. 3 vol. in-8°.

5596. **Ratzenhofer.** Moltke und Gambetta. Studie über die Kriegszüge Deutschlands und der französischen Republik 1870-71. Separat Beilage zum X. und XI. Heft (October-November) von Streffleur's österreichischer militärischer Zeitschrift. Wien, Waldheim; 1882. 1 vol. in-8°.
Moltke et Gambetta. Étude sur la guerre franco-allemande de 1870-71.

5597. **Bazaine (ex-maréchal).** Épisodes de la guerre de 1870 et le blocus de Metz. Madrid, Gaspar; 1883. 1 vol. in-8°.

5598. **Sedan.** Souvenirs d'un officier supérieur. Deuxième édition. Paris, Hinrichsen; 1883. 1 vol. in-12.

5599. **Ambert.** Gaulois et Germains. Récits militaires. I. L'invasion. II. Après Sedan. III. La Loire et l'Est. IV. Le siége de Paris. 1870-1871. Paris, Bloud et Barral; 1884-1885. 4 vol. in-8°.

5600. **Lebrun (général).** Guerre de 1870. Bazeilles-Sedan. Paris, Dentu; 1884. 1 vol. in-8°.

5601. **Marthold (de).** Memorandum du siège de Paris, 1870-1871. Paris, Charavay; 1884. 1 vol. in-12.

5602. **Rémond.** Les batailles de Nuits. Seconde édition. Paris, Berger-Levrault et Cie; 1884. 1 vol. petit in-f°.

5603. **Scherf.** Die Theilnahme der Gross-Hessischen (25.) Division an dem Feldzug 1870-71 gegen Frankreich. Nach dem Tode des Verfassers herausgegeben von Draudt. 3. Band. Darmstadt, Jonghaus; 1884. 1 vol. in-8°.
Part prise par la division hessoise (25e) *à la campagne de* 1870-71 *contre la France.*
_{Les deux premiers volumes sont catalogués sous le n° 4645.}

5604. **L'armée de Chalons.** Son mouvement vers Metz (1870) par A. G***. Paris, Baudoin et Cie; 1885. 1 vol. in-8°.

5605. **Hérisson (comte d').** Journal d'un officier d'ordonnance. Juillet 1870-Février 1871. Paris, Ollendorff; 1885. 1 vol. in-8°.

LIII. Guerre civile en France; 1871.

LIV. Guerre des Russes dans l'Asie centrale depuis 1873.

LV. Guerre des Anglais contre les Ashantis, les Zoulous, les Boers, etc., depuis 1873.

LVI. Guerre entre la Russie et les principautés danubiennes contre la Turquie; 1875-1878.

5606. La guerre d'Orient en 1877-1878. Étude stratégique et tactique des opérations des armées russe et turque en Europe, en Asie et sur les bords de la mer Noire par un tacticien. Ouvrage rédigé sur les documents officiels publiés par le gouvernement russe et le gouvernement ottoman. Paris, Dumaine; 1879-1883. 3 vol. in-8°.

5607. **Lurion.** La guerre turco-russe de 1877-78. Campagne de Suleyman-Pacha. Paris, Baudoin et Cie; 1883. 1 vol. in-8°.

LVII. Guerre des Anglais dans l'Afghanistan; 1878-1880.

LVIII. Guerre du Pérou et de la Bolivie contre le Chili; 1879-1881.

LIX. Expédition des Anglais en Égypte; 1882.

LX. Insurrection de l'Herzégovine; 1881-1882.

5608. Der Aufstand in der Herzegowina, Süd-Bosnien und Süd-Dalmatien 1881-1882. Nach authentischen Quellen dargestellt in der Abtheilung für Kriegsgeschichte des K. K.

Kriegs-Archivs. Wien, Seidel und Sohn; 1883. 1 vol. gr. in-8°.

L'insurrection en Herzégovine et dans le sud de la Bosnie et de la Dalmatie.

MÉLANGES.

5609. **Jomini.** Atlas portatif pour l'intelligence des relations des dernières guerres, publiées sans plans; notamment pour la vie de Napoléon. Paris, Anselin ; 1 atlas format oblong et 1 vol. de « Légendes » in-4°.

5610. **Ernouf.** Souvenirs militaires d'un jeune abbé, soldat de la République (1793-1801). Paris, Didier et Cie; 1881. 1 vol. in-8°.

5611. **Larchey.** Journal de marche du sergent Fricasse de la 127e demi-brigade, 1792-1802. Paris, 1882. 1 vol. in-12.

5612. **Chevalier.** Croquis des opérations militaires de la France de 1789 à nos jours (Saint-Cyr et Philosophie). Contenant 30 textes plus 30 cartes dessinées par Nicolaux. Paris, Dupont; 1883. 1 vol. in-f°.

5613. **Hardy (général Jean).** Ses mémoires militaires de 1792-1802. La Meuse. — La Moselle. — Le Rhin. Paris, Baudoin et Cie; 1883 1 vol. in-8°.

5614. **Nolte.** L'Europe militaire et diplomatique au dix-neuvième siècle. 1815 1884. Paris, Plon; 1884. 4 vol. in-8°.

5615. Kriegsgeschichtliche Einzelschriften. Herausgegeben vom grossen Generalstabe. Abtheilung für Kriegsgeschichte. Berlin, 1885. 1 vol. in-8°.

Monographies diverses ayant trait à l'histoire militaire.

Subd. u. — FASTES MILITAIRES. — HISTOIRE DES CORPS UNIFORMES ET DRAPEAUX.

I. Fastes militaires et histoire des armées.

5616. **Grose.** Military antiquities respecting a history of the Englisch army, from the conquest to the present time. A new edition with material additions and improvements. London, Egerton; 1801. 2 vol. in-4°.

Antiquités militaires concernant l'histoire de l'armée anglaise depuis la conquête jusqu'à nos jours.

5617. **Amiot.** Panorama militaire, ou précis de l'histoire des troupes françaises, depuis la fondation de la monarchie jusqu'à nos jours. Paris, Corby; 1830. 1 vol. in-8°.

5618. **Crousaz (von).** Das Offizier-Corps der preussischen Armee nach seiner historischen Entwickelung, seiner Eigenthumlichkeit und seiner Leistungen. Halle, Hendel; 1876. 1 vol. in-8°.

Le corps d'officiers de l'armée prussienne, son histoire, son caractère et ses travaux.

5619. **Cruyplants.** Histoire de la participation des Belges aux campagnes des Indes orientales néerlandaises sous le gouvernement des Pays-Bas (1815-1830). Bruxelles, Spineux et Cie; 1883. 1 vol. in-8°.

II. Histoire particulière des corps.

5620. **Fircks (Fr. von).** Feldmarschall Graf Moltke und der Preussische Generalstab. Berlin, von Glasenapp; 1879. 1 vol. in-8°.

Le feldmaréchal comte Moltke et l'état-major prussien.

5621. **Cruyplants.** Histoire de la cavalerie belge au service d'Autriche, de France, des Pays-Bas et pendant les premières années de notre nationalité. Deuxième édition. Bruxelles, Spineux; 1883. 1 vol. in-8°.

5622. **Mercier.** Notices historiques sur la cavalerie de la garde civique de Bruxelles et sur les événements auxquels elle a participé de 1830 à ce jour. Bruxelles, Vanderauwera; 1884. 1 vol. in-8°.

III. UNIFORMES ET DRAPEAUX.

5623. **Schindler.** Die Cavallerie Deutschland's. 24 colorirte Abbildungen der verschiedenen Deutschen Cavallerie-Regimenter, ihre Uniform und Ausrüstung. Berlin, Schindler; 1882. 1 album in-fol.

La cavalerie allemande. 24 estampes coloriées.

5624. **Juder.** Uniformen, distinctions- und sonstige Abzeichen der gesammten K. K. österr.-ungar. Wehrmacht, sowie Orden und Ehrenzeichen Oesterreich-Ungarns in übersichtlichen Farbendarstellungen mit erläuternder Beschreibung. Troppau, Strafilla; 1884. 1 vol. in-16.

Uniformes, signes distinctifs, etc., de l'armée austro-hongroise.

5625. **Vinkeroy** (van). Costumes militaires belges du XI° au XVIII° siècle. Braine-le-Comte, Lelong; 1885. 1 vol. in-8°.

Subd. V. — **BIOGRAPHIES DES GUERRIERS CÉLÈBRES. — PROCÈS MILITAIRES.**

1. Biographies des guerriers célèbres.

5626. Vie privée, politique et militaire du prince Henri de Prusse, frère de Frédéric II. Paris, Delaunay; 1809. 1 vol. in-8°.

5627. **Ramsay.** Vie de Georges Washington général en chef des armées des États-Unis pendant la guerre qui a établi leur indépendance et premier président des États-Unis. Traduit de l'anglais. Paris, Parsons, Galignani et Cie; 1809. 1 vol. in-8°.

5628. **Ledieu.** Le général Du Mouriez et la révolution française. Paris, Ponthieu; 1826. 1 vol. in-8°.

5629. **Badeau.** Military history of Ulysses S. Grant, from april, 1861, to april, 1865. London, Sampson Low; 1881. 3 vol. in-8°.

Histoire militaire du général Grant.

5630. **Ideville (d').** Le maréchal Bugeaud, d'après sa correspondance intime et des documents inédits, 1784-1849. Paris, Firmin-Didot; 1881-1882. 3 vol. in-8°.

5631. **Brialmont.** Le général comte Todleben, sa vie et ses travaux. Bruxelles, Merzbach et Falk; 1884. 1 broch. in-8°.

5632. **Roy.** Turenne. Sa vie, les institutions militaires de son temps. Paris, Hurtrel; 1884. 1 vol. in-4°.

5633. **Chuquet.** Le général Chanzy. 1823-1883. Troisième édition. Paris, Cerf; 1885. 1 vol. in-12.

5634. **(Eichtall (d'))**. Le général Bourbaki par un de ses anciens officiers d'ordonnance avec portrait, cartes et fac-simile. Afrique, Crimée, Italie. Armées du Rhin, du Nord, de la Loire et de l'Est. Paris, Plon, Nourrit et Cie; 1885. 1 vol. in-8°.

5635. **Müller.** Generalfeldmarschall Graf Moltke. 1800-1885. Stuttgart, Krabbe; 1885. 1 vol. in-12.
Le feldmaréchal comte Moltke.

5636. **Roger de Beauvoir.** Nos généraux, 1871-1884. Avec 136 dessins à la plume de MM. de Haenen et Perboyre. Deuxième édition. Paris, Berger Levrault et Cie; 1885. 1 vol. in-8°.

II. Procès militaires.

Subd. W. — HISTOIRE MILITAIRE DES VILLES. — MÉMOIRES MILITAIRES ET DOCUMENTS HISTORIQUES. — MÉLANGES.

I. Histoire militaire des villes.

II. Mémoires et documents historiques.

III. — Mélanges.

5637. **Hackländer**. La vie militaire en Prusse. Traduit par Le Maitre. 4° édition. Paris, Hachette et Cie; 1873. 4 vol. in-12.
5638. **Tolstoï**. La guerre et la paix. Roman historique traduit par une Russe. Paris, Hachette et Cie; 1884. 3 vol. in-8°.
5639. **Pellet**. Le général Championnet et l'éducation patriotique. « Recueil des Actions héroïques, ou le livre du soldat français » par Championnet publié pour la première fois avec une préface et des notes d'après le manuscrit et les dessins originaux de la bibliothèque de la Chambre des députés. Paris, Quantin ; 1 vol. in-8°.
5640. **Vogt**. Das Buch vom deutschen Heere, dem deutschen Volke gewidmet. Mit 144 Illustrationen von Knötel. Bielefeld und Leipzig, Velhagen und Klasing; 1886. 1 vol. in-8°.

Le livre de l'armée allemande dédié à la nation allemande.

Section III. — PUBLICATIONS PÉRIODIQUES.

Subd. X. — JOURNAUX MILITAIRES OFFICIELS.

5641. Journal militaire officiel. Bruxelles, Guyot; 1882-1885. 4 vol. in-8°.
    Les années précédentes sont cataloguées sous le n° 5074.
5642. Journal militaire officiel français. Années 1882-1885. Paris, Baudoin et Cie; 16 vol. in-8°.
    Les années précédentes sont cataloguées sous le n° 5076.
5643. Journal militaire officiel. Table générale des dispositions en vigueur insérées dans ce recueil, du 10 juillet 1791 au 1er juillet 1884, établie conformément à la décision ministérielle du 21 mai 1882. Paris, Baudoin et Cie; 1885. 1 vol. in-8°.
5644. Recueil militair, bevattende de wetten, besluiten en orders betreffende de Koninklijke Nederlandsche landmagt. Gedrukt en uitgegeven op speciale autorisatie van het Departement van Oorlog. In s' Gravenhage, bij de gebroeders Van Cleef; 1882-1885. 4 vol. in-8°.
    Les années précédentes sont cataloguées sous le n° 5083.
5645. Recueil militair bevattende wetten, besluiten en orders betreffende de Koninklijke Nederlandsche landmacht. Beknopte uitgave. 1813-1884. Uitgegeven door het departement van Oorlog. 's-Gravenhage, Van Cleef; 1880-1884. 4 vol. in-8°.

5646. Giornale militare ossia raccolta ufficiale delle leggi, **regolamenti** e disposizioni relativi al servizio ed all' amministrazione militare di terra e di mare, publicato per cura del Ministero della guerra, 1882-1885. Roma, Voghera. 4 vol. in-8°.
   <small>Les années précédentes sont cata'oguées sous le n° 5084.</small>

5647. Verordnungsblatt für das Kaiserlich-Königliche Heer. Normal-Verordnungen. 1882-1885. Wien, K. K. Hof- und Staatsdruckerei. 4 vol. in-4°.
   <small>Les années précédentes sont cataloguées sous le n° 5085.</small>

5648. Verordnungs-Blatt des Königlich Bayerischen Kriegsministeriums. 1882-1885. München, Hübschmann. 4 vol. in-8°.
   <small>Les années précédentes sont cataloguées sous le n° 5086.</small>

5649. Königlich Württembergisches Militair-Verordnungsblatt. Herausgegeben vom Kriegs-Ministerium. 1882-1885. Stuttgart. 4 vol. in-4°.
   <small>Les années précédentes sont cataloguées sous le n° 5087.</small>

5650. Armee-Verordnungs-Blatt. Herausgegeben vom Kriegsministerium. 1882-1885. Berlin, Mittler und Sohn. 4 vol. in-4°.
   <small>Les années précédentes sont cataloguées sous le n° 5088.</small>

5651. Army circulars. 1882-1885. London, printed under the superintendence of Her Majesty's stationery office. 4 vol. in-8°.
   <small>Les années précédentes sont cata'oguées sous le n° 5089.</small>

5652. General orders by his royal highness the field Marshall commanding in chief. 1882-1885. London, printed under the superintendence of Her Majesty's stationery office. 4 vol. in-8°.
   <small>Les années précédentes sont cataloguées sous le n° 5090.</small>

5653. Feuille militaire fédérale. Années 1882 à 1885. Berne, Jent et Reinert. 4 vol. in-4°.
   <small>Les années précédentes sont cataloguées sous le n° 5091.</small>

Subd. y. — ANNUAIRES DES ARMÉES DE TERRE ET DE MER. — RAPPORTS ET DOCUMENTS OFFICIELS. — BUDGETS.

1. Annuaires des armées de terre et de mer.

5654. Kais. Königl. Militär Schematismus für die Jahre 1882-1885. Wien, K. K. Hof- und Staatsdruckerei. 4 vol. in-8°.
   Les années précédentes sont cataloguées sous le n° 5093.

5655. **Ministère de la guerre.** Annuaire de l'armée française. Années 1883 à 1885. Paris, Berger-Levrault et Cie; 3 vol. in-8°.
   Les années précédentes sont cataloguées sous le n° 5096.

5656. Naam en ranglijst der officieren van het koninklijke leger der Nederlanden en van Neerlandsch-Indien. 1883-1885. Gorinchen, Noorduijn. 3 vol. in-12.
   Les années précédentes sont cataloguées sous le n° 5100.

5657. Annuaire officiel de l'armée belge. Années 1883 à 1885. Bruxelles, Guyot. 3 vol. in-8°.
   Les années précédentes sont cataloguées sous le n° 5102.

5658. Rang- und Quartier-Liste der Königlich Preussischen Armee für 1883-1885. Nebst den Anciennetäts-Listen der Generalität und der Stabs-Offiziere der Armee. Auf Befehl Sr. Majestät des Kaisers und Königs. Berlin, Mittler und Sohn. 1883-1885. 3 vol. in-8°.
   Les années précédentes sont cataloguées sous le n° 5105.

5659. Militär-Handbuch des Königreiches Bayern. 1883 et 1885. München. 2 vol. in-8°.
   Les années précédentes sont cataloguées sous le n° 5103.

5660. Rangliste der K. sächsischen Armee (XII. Armee-Corps des Deutschen Heeres). Jahre 1882 bis 1885. Dresden, Heinrich; 4 vol. in-8°.
   Les années précédentes sont cataloguées sous le n° 5107.

5661. Rang- und Quartier-Liste des XIII. (Königlich Württembergischen) Armee-Korps für 1883-1885. Stuttgart, Metzler. 3 vol. in-8°.

Les années précédentes sont cataloguées sous le n° 5108.

5662. **Hart.** The new annual army list, militia list, yeomanry cavalry list, and Indian civil service list. With an index. 1882-1885. 4 vol. in-8°.

Les années précédentes sont cataloguées sous le n° 5109.

5663. Estado del cuerpo de ingenieros del ejercito. 1881-1884. Madrid. 3 vol. format oblong. L'année 1884 est publiée sous format in-32.

Les années précédentes sont cataloguées sous le n° 5111.

5664. Estado general de la armada. 1883 et 1885. Madrid. 2 vol. in-12.

Les années précédentes sont cataloguées sous le n° 5112.

5665. Annuario militare del regno d'Italia. Pergli anni 1883 a 1885. Roma, Voghera; 1883-1885. 3 vol. in-8°.

Les années précédentes sont cataloguées sous le n° 5113.

5666. Etat der Offiziere der Stäbe und der eidg. Truppenkörper. État des officiers des états-majors et des unités de troupes de la Confédération. Bern, 1883 à 1885. 3 vol. in-8°.

Les années précédentes sont cataloguées sous le n° 5114.

5667. **Ministerul de resbel.** Anuarul oficial al armatei romane. 1883-1885. Bucuresci. 3 vol. in-8°.

Les années précédentes sont cataloguées sous le n° 5115.

5668. Escalafon general de Sres. Jefes y officiales. Arma de infanteria. 1883-1885. Madrid, oficina tipografica de la direccion general de infanteria. 3 vol. in-8°.

5669. Escalafon general del arma de caballeria. 1883 et 1885. Madrid, imprenta de la direccion general del arma. 2 vol. format oblong.

5670. Escalafon general de los jefes y oficiales de la gardia civil en 1° de enero de 1885. Madrid, Imprenta del boletin oficial de la Guardia civil; 1885. 1 vol. oblong.

5671. Rullor öfver svenska krigsmagten till lands och sjös innefattande officerare, civilmilitär personal af officers värdighet och civilpersonal jemte utdrag ur norges statskalender rörande arméen och marinen 1884. Stockholm, Norstedt och Söner ; 1884. 1 vol. in-4°.

II. Rapports et documents officiels.

5672. Rapport du département militaire fédéral sur sa gestion pendant les années 1882-1885. 4 vol. in-8°.
_{Les rapports des années précédentes sont catalogués sous le n° 5116.}

5673. Report of the chief of ordnance to the secretary of war for the years 1882-1885. Washington, government printing office. 4 vol. in-8°.
_{Les volumes précédents sont catalogués sous le n° 5117.}

5674. Sundhets-collegii underdäniga berättelse om medicinalverket i riket. 1851-1860.
_{Continué sous le titre ci après.}
Bidrag till sveriges officiela statistik. Helso-och sjukvården. Sundhets collegii underdäniga berättelse. Ny foldj. 1861-1868; 1878-1881. Stockholm, Norstedt och Söner; 1851-1883. 23 vol. in-4°.

5675. Militär-Statistisches Jahrbuch für die Jahre 1877-1885. Wien, K. K. Hof- und Staatsdruckerei ; 1883-1885. 5 vol. in-4°.

III. Budgets.

5676. Budget du Ministère de la guerre et de la gendarmerie pour les exercices 1884 à 1885. Bruxelles, Hayez. 4 vol. in-f°.
_{Les années précédentes sont cataloguées sous le n° 5118.}

Subd. z. — **JOURNAUX D'ART ET D'HISTOIRE MILITAIRES.**

5677. Militär-Vochenblatt. Mit Genehmigung Sr. Majestät des Königs herausgegeben. Berlin, Mittler; 1883-1885. 3 vol. in-4°.
   Les années précédentes sont cataloguées sous le n° 5119.

5678. Beihefte zum Militär-Wochenblatt. 1883-1885. Berlin. 3 vol. in-8°.

5679. Allgemeine Militär Zeitung. Herausgegeben von einer Gesellschaft deutscher Offiziere und Militärbeamten. Leipzig und Darmstadt; 1883-1885. 3 vol. in-4°.
   Les années précédentes sont cataloguées sous le n° 5121.

5680. Der Soldaten Freud. Zeitschrift für fassliche Belehrung und Unterhaltung der preussischen Soldaten. Berlin. 1883-1885. 3 vol. in-8°.
   Les années précédentes sont cataloguées sous le n° 5122.

5681. Archiv für die Artillerie- und Ingenieur-Offiziere des deutschen Reichsheeres. Berlin. 1883-1885. 12 vol. in-8°.
   Les années précédentes sont cataloguées sous le n° 5123.

5682. Militair- Literatur-Zeitung. Berlin, Mittler; 1883-1885. 3 vol. in-4°.
   Les années précédentes sont cataloguées sous le n° 5125.

5683. Jahrbücher für die deutsche Armee und Marine. Verantwortlich redigiert von H. von Löbell und von Marées. 1883-1885. Berlin, Wilhelmi; 12 vol. in-8°.
   Les années précédentes sont cataloguées sous le n° 5123.

5684. Neue militärische Blätter. Redigiert und herausgegeben von Glasenapp. Berlin. 1883-1885. 6 vol. in-8°.
   Les années précédentes sont cataloguées sous le n° 5129.

5685. Jahresberichte über die Veränderungen und Fortschritte in

Militärwesen. Herausgegeben von H. von Löbel. Jahrgang IX bis XI (1882-1884). Berlin, Mittler und Sohn; 1883-1885. 3 vol. in-8°.

<small>Les années précédentes sont cataloguées sous le n° 5130.</small>

5686. Deutsche Heeres-Zeitung. Organ für Offiziere aller Waffen des Deutschen Heeres und der Marine. Herausgegeben und begründet von Luckhardt. Berlin. 1883-1885. 3 vol. in-f°.

<small>Les années précédentes sont cataloguées sous le n° 5131.</small>

5687. Alphabetisches Sach-Register zur Deutschen Heeres-Zeitung. Jahrgang 1 bis VII (1876-1882). Berlin, Luckhardt; 1883. 1 broch. in-18.

5688. Militär-Zeitung für die Reserve-und Landwehr-Offiziere des Deutschen Heeres. Berlin, 1883-1885. 3 vol. in-f°.

<small>Les années précédentes sont cataloguées sous le n° 5132.</small>

5689. Professional papers of the corps of royal engineers. Edited by Major Vetch. 1883. London. 1 vol. in-8°.

<small>Les années précédentes sont cataloguées sous le n° 5133.</small>

5690. Colburn's united service magazine and naval and military journal. 1883 to 1885. London. 9 vol. in-8°.

<small>Les années précédentes sont cataloguées sous le n° 5134.</small>

5691. Journal of the Royal United service Institution, Whitehall Yard. Published under the authority of the council. London, Mitchell and C°; 1883-1885. 3 vol. in-8°.

<small>Les années précédentes sont cataloguées sous le n° 5135.</small>

5692. Army and navy gazette. Journal of the militia and volunteer forces. Published by Marchant. London, printed by Meldrum; 1883-1885. 3 vol. in-f°.

<small>Les années précédentes sont cataloguées sous le n° 5136.</small>

5693. Militär-Zeitung. 1883-1884. Wien, Gerold, 1883-1884. 2 vol. in-4°.

<small>Les années précédentes sont cataloguées sous le n° 5138. (La Bibliothèque a renoncé à cette publication.)</small>

5694. Streffleur's österreichische militärische Zeitschrift. Redigirt von Moritz Ritter von Brunner. Jahrgang XXIV bis XXVI. Wien, von Waldheim; 1883-1885. 6 vol. in-8°.

<small>Les années précédentes sont cataloguées sous le n° 5139.</small>

5695. Mittheilungen über Gegenstände des Artillerie- und Genie-Wesens. Herausgegeben vom K. K. technischen und administrativen Militär-Comite. Wien, von Waldheim; 1882-1885. 3 vol. in-8°.
<small>Les années précédentes sont cataloguées sous le n° 5140.</small>

5696. Oesterreichisch-Ungarische Wehr-Zeitung « der Kamerad ». 1883-1885. Wien, 3 vol. in-f°.
<small>Les années précédentes sont cataloguées sous le n° 5141.</small>

5697. Oesterreichisch-Ungarische Militär Zeitung « Vedette ». Wien. 1883-1885. 3 vol. in-f°.
<small>Les années précédentes sont cataloguées sous le n° 5142.</small>

5698. Organ der Militär-wissenschaftlichen Vereine. Herausgegeben vom Ausschusse des militär wissenschaftlichen Vereines in Wien. 1883-1885. Wien. 9 vol. in-8°.
<small>Les années précédentes sont cataloguées sous le n° 5143.</small>

5799. Mittheilungen des K. K. Kriegs-Archivs. Herausgegeben von der Direction des Kriegs-Archivs. Jahrgang 1881 bis 1885. Wien, Waldheim. 5 vol. in-8°.

5700. Archives médicales belges, organe du corps sanitaire de l'armée. Années 1883 à 1885. Bruxelles. 6 vol. in-8°.
<small>Les années précédentes sont cataloguées sous le n° 5144.</small>

5701. La Belgique militaire. Journal hebdomadaire, organe de l'armée. Bruxelles. 1883-1885. 6 vol. in-8°.
<small>Les années précédentes sont cataloguées sous le n° 5146.</small>

5702. Revue militaire belge, paraissant tous les trimestres. Organisation et instruction. Art militaire et tactique. Armement et artillerie. Histoire militaire. Bibliographie. Années 1883 à 1885. Bruxelles, Muquardt; 12 vol. in-12.
<small>Les années précédentes sont cataloguées sous le n° 5147.</small>

5703. Bulletin de la presse et de la bibliographie militaires, publié par la 1re direction (2e sous-direction) du ministère de la guerre de Belgique. Années 1883-1885. 3 vol. in-8°.
<small>Les années précédentes sont cataloguées sous le n° 5148.</small>

5704. Le soldat belge. Publication mensuelle sous le patronage du Département de la guerre. Bruxelles, Corné; 1885. 1 vol. in-8°.

5705. **Ministère de la guerre.** Archives de médecine et de pharmacie militaires publiées par ordre du ministre de la guerre. Paris, Rozier; 1883-1885. 6 vol. in-8°.
<small>Cet ouvrage fait suite au « Recueil de mémoires de médecine, de chirurgie et de pharmacie militaires », catalogué sous le n° 5150.</small>

5706. Journal des sciences militaires. 1883-1885. Paris, Baudoin et Cie. 12 vol. in-8°.
<small>Les années précédentes sont cataloguées sous le n° 5153.</small>

5707. Le spectateur militaire. Recueil de science, d'art et d'histoire militaires. 1883-1885. Paris, Direction du spectateur militaire. 12 vol. in-8°.
<small>Les années précédentes sont cataloguées sous le n° 5155.</small>

5708. Le Moniteur de l'armée. Paris. 1883-1884. 2 vol. in-fol.
<small>Les années précédentes sont cataloguées sous le n° 5156.</small>

5709. L'avenir militaire. Journal des armées de terre et de mer et de l'armée territoriale. Paris. 1883-1885. 3 vol. in-fol.
<small>Les années précédentes sont cataloguées sous le n° 5159.</small>

5710. Bulletin de la réunion des officiers de terre et de mer. 1883-1885. Paris. 6 vol. in-4°.
<small>Les années précédentes sont cataloguées sous le n° 5160.</small>

5711. Revue militaire de l'étranger, rédigée avec l'aide des documents statistiques de l'état-major général du ministre de la guerre (2e bureau). Paris, 1883-1885. 6 vol. in-8°.
<small>Les années précédentes sont cataloguées sous le n° 5161.</small>

5712. Revue d'artillerie paraissant le 15 de chaque mois. Paris, Berger-Levrault. 1883-1885. 6 vol. in-8°.
<small>Les années précédentes sont cataloguées sous le n° 5162.</small>

5713. Revue maritime et coloniale. 1883 à 1885. Paris, Dupont. 12 vol. in-8°.
<small>Les années précédentes sont cataloguées sous le n° 5163.</small>

5714. Journal de la librairie militaire. Bulletin de bibliographie militaire. 1883-1885. 1 vol. in-4° broché.
<small>Les années précédentes sont cataloguées sous le n° 5164.</small>

5715. L'armée française. Journal de l'armée active, de l'armée territoriale, des troupes de la marine, des officiers en retraite et de la réserve. Paris, 1884-1885. 2 vol. in-fol.
<small>Les années précédentes sont cataloguées sous le n° 5165.</small>

5716. La France militaire. Journal non-politique des armées de terre et de mer. Directeur gérant : Charles Lavauzelle. Paris, 1883-1884. 5 vol. in-8°.

<small>Les années précédentes sont cataloguées sous le n° 5167.</small>

5717. Le progrès militaire. Organe des armées de terre et de mer et de l'armée territoriale. Année 1885. Paris. 1 vol. in-fol.

5718. Revue de cavalerie. Années 1885-1886. Paris, Berger-Levrault et Cie; 1885-1886. 1 vol. in-8°.

5719. De militaire spectator. Tijdschrift voor het nederlandsche leger. 1883-1885. Breda, Broese. 3 vol. in-8°.

<small>Les années précédentes sont cataloguées sous le n° 5168.</small>

5720. Verslagen, rapporten en memorien omtrent militaire onderwerpen. Uitgegeven door het Departement van Oorlog. 's Gravenhage, Van Cleef; 1883-1885. 3 vol. in-8°.

<small>Les années précédentes sont cataloguées sous le n° 5169.</small>

5721. De militaire Gids. Haarlem, Bohn ; 1883-1885. 3 vol. in-8°.

<small>Les années précédentes sont cataloguées sous le n° 5170.</small>

5722. Militair blad, gewijd aan de belangen van Staat, Leger, Marine en schuttery. Vyfde jaargang, 1885. 's Gravenhage, 1885. 1 vol. in-4°.

5723. Rivista militare italiana. Raccolta mensile di scienza, arte e storia militari dell' esercito italiano. 1883-1885. Roma, Voghera. 12 vol. in-8°.

<small>Les années précédentes sont cataloguées sous le n° 5171.</small>

5724. Giornale d'artiglieria e genio, publicato d'ordine del ministero della guerra. 1883-1885. Roma, Voghera. 6 vol. in-8°.

<small>Les années précédentes sont cataloguées sous le n° 5172.</small>

5725. L'Esercito italiano. Giornale militare. Roma. 1883-1885. 3 vol. in-fol.

<small>Les années précédentes sont cataloguées sous le n° 5174.</small>

5726. Rousskiï Invalid (Invalide russe). Journal militaire. Années 1883 à 1885. Saint-Pétersbourg. 3 vol. in-fol.

<small>Les années précédentes sont cataloguées sous le n° 5175.</small>

5727. Voïennyï Sbornik (Recueil militaire). Publié par ordre de l'empereur. Années 1883 à 1885. Saint-Pétersbourg. 18 vol. in-8°.

<small>Les années précédentes sont cataloguées sous le n° 5176.</small>

5728. Kongl. Krigsvetenskaps-Akademiens Handligar. 1883-1885. Stockholm, Norstedt. 3 vol. in-8°.
5729. Kongl. Krigsvetenskaps-Akademiens Tidskrift. 1883-1885. Stockholm, Norstedt. 3 vol. in-8°.

<small>Les années précédentes des deux publications ci-dessus sont cataloguées ensemble sous le n° 5177.</small>

5730. Revue militaire suisse. Lausanne, Borgeaud, 1883-1885. 3 vol. in-8°.

<small>Les années précédentes sont cataloguées sous le n° 5178.</small>

5731. Militär-Schulen im Jahre 1883-1885. Beschluss des Schweizerischen Bundesrathes. Bern, Haller-Goldschach. 3 broch. in-4°.

<small>Les années précédentes sont cataloguées sous le n° 5180.</small>

5732. Revista militar. 1869-1885, Lisboa, 17 vol. in-8°.

TABLE GÉNÉRALE ALPHABÉTIQUE.

A.

Numéros du Catalogue.

Abel und **Dilthey**. Militärischer Dienst-Unterricht für einjährig Freiwillige 5487
Amade (d'). Légion d'honneur, médailles militaires, etc. 5274
Ambert. Gaulois et Germains. Récits militaires 5309
Amiot. Panorama militaire 5617
Armentani. Guida amministrativa militare 5296
Audet. Manuel de chirurgie d'armée. 5327
— Manuel pratique de médecine militaire 5325
Avalle. Notices sur les colonies anglaises 5571

Aide-mémoire à l'usage des officiers d'artillerie. 5483
Aide-mémoire de l'officier d'état-major en campagne 5285
Aide-mémoire de l'officier d'infanterie. 5389
Aide-mémoire portatif de campagne à l'usage des officiers d'artillerie . . 5483
Allemagne (L') en face de la Russie 5560
Allgemeine Militär Zeitung 5679
Alphabetisches Sach-Register zur Deutschen Heeres-Zeitung 5637
Anleitung zu den Handhabungen mit dem Train-Material 5325
Annuaire de l'armée française 5655
Annuaire officiel de l'armée belge 5657
Annuario militare del regno d'Italia 5665
Anuarul oficial al armatei romane 5667
Aufgabe unserer Infanterie in Bataillon und Brigade 5355
Aufstand (Der) in der Hercegowina, 1881-1882. 5608
Archives de médecine et de pharmacie militaires 5705
Archives médicales belges 5701
Archiv für die Artillerie- und Ingenieur-Offiziere 5681
Armée (L') de Châlons. Son mouvement vers Metz. 5604

94   TABLE GÉNÉRALE ALPHABÉTIQUE.

                                                            Numéro
                                                            du
                                                          Catalogue.

Armée (L') et la démocratie. 5577
Armée (L') française. 5716
Armement, instruction, organisation et emploi de la cavalerie . . . 5397
Army and navy gazette. 5692
Army circulars. 5651
Avenir militaire 5709

B.

Badeau. Military history of Ulysses S. Grant. 5629
Barrier et Goubaux. De l'extérieur du cheval 5412
Bartels. Leitfaden für den Unterricht in der Heeres-Organisation . . 5536
Bastenier. Réquisition de la force armée en temps de troubles . . . 5208
Baumann (von). Studien über die Verpflegung der Kriegsheere . . 5308
Bazaine. Épisodes de la guerre de 1870 et le blocus de Metz 5597
Beaufort (Cte de). Questions philanthropiques. Transport des blessés. 5335
Beaugé. Abrégé du manuel de législation. 5297
Beckerhinn. L'artillerie de montagne dans les armées européennes . 5438
Berenguer y Ballester. Compendio de un Corso de tactica general.
    (*Traduction.*). 5204
Bernard. Instruction pour le fantassin allemand. (*Traduction.*) . . 5390
   —   Traité de tactique. 5210
Bert. Cours théorique de tir 5476
Blume. Stratégie. Étude 5198
Bodenhorst. Directives pour les exercices d'application de l'artillerie
    de siège et de forteresse. (*Traduction.*) 5458
   —   L'artillerie de montagne dans les armées européennes.
        (*Traduction.*). 5438
   —   L'attaque des camps retranchés. (*Traduction.*) . . . 5502
   —   L'emploi de l'artillerie dans les grandes combinaisons de
        troupes. (*Traduction.*). 5443
   —   Le tir de l'artillerie de campagne. (*Traduction.*). . . 5478
   —   et de **Laroière.** Les armées européennes. 5222
Boguslawski. Physionomie du combat d'infanterie 5354
   —   (von). Abriss der Kriegskunst. (*Traduction.*) . . . 5182
   —   — Der kleine Krieg 5203
   —   — Die Anlage, Leitung und Durchführung von
        Feldmanövern. 5288

	Numéros du Catalogue.
Boie. Napoléon I. Militärische Schriften. (*Erläuterung*.)	5185
Bollinger. Géographie militaire de la Suisse.	5555
Bon de Sousa. Ante-projecto de organisação de telegraphia militar.	5303
— Memoria sobre a telegraphia electrica militar	5511
— Serviço dos pombos-correios	5509
Bonnet. Guerre franco-allemande	5595
Bornecque. Examen du système de fortification dans les principales puissances de l'Europe	5561
— Les armes à répétition	5470
Bosi. Dizionario storico-biografico-topografico-militare d'Italia	5546
Bouillon, Dislère et **Ducos.** Répertoire du droit administratif	5294
Bouquié. De la justice et de la discipline dans les armées	5342
Bouteron. L'artillerie austro-hongroise en 1882	5430
Brialmont. La fortification du temps présent	5495
—. Le général comte Todleben	5631
Bronsart von Schellendorff. Der Dienst des Generalstabes	5236
Brunet. Traité d'escrime	5512
Brusati. Ordinamento degli eserciti germanico, austro-ungarico, etc.	5224
Burchardt. Leitfaden für den Unterricht in der Terrainlehre	5291
Burdin d'Entremont. L'armée danoise et la défense du Sundevit	5594

Beihefte zum Militär-Wochenblatt	5678
Belgique (La) militaire	5704
Bepalingen en voorschriften omtrent organisatie, garnizoensindeeling, enz.	5225
Bestimmungen (Organische) für die Armee im Felde	5269
Bestimmungen (Organische) für die Feld-Gendarmerie	5331
Bestimmungen (Organische) für die Feld-Signal Abtheilungen.	5514
Bestimmungen (Allgemeine) über die Abhaltung der Uebungen der Artillerie im Batteriebau	5439
Bestimmungen über Organisation der Kriegsschulen.	5329
Bestimmungen (Organische) und Dienstvorschrift für die Feldpost	5315
Budget du ministère de la guerre et de la gendarmerie	5676
Bulletin de la presse et de la bibliographie militaires	5703
Bulletin de la réunion des officiers	5710

C.

Numéros du Catalogue.

Cambrelin. La fortification de l'avenir 5496
Cantillon. Des subsistances militaires en Belgique 5309
Capdevielle. L'armement et le tir de l'infanterie 5366
Capette. Tir par batteries groupées. (*Traduction.*) 5440
Cardinal von Widdern. Handbuch für Truppenführung und Stabsdienst. 5199
— Strategische Kavallerie-Manöver . . . 5400
Chabot (de). Aide-mémoire de l'officier de cavalerie 5434
Chauvelais (de la). L'art militaire chez les Romains. 5193
Chauvin (von). Organisation der elektrischen Telegraphie in Deutschland 5516
Chavantes. Compendio de apparelho dos navios 5567
Chevalier. Croquis des opérations militaires de la France . . . 5612
Chuquet. Le général Chanzy. 5653
Civry (de). Les armées improvisées 5572
Clausewitz (von). Vom Kriege. Hinterlassenes Werk 5188
Clerc. Les Alpes françaises 5553
Colmar von der Goltz. Das Volk in Waffen 5189
— La nation armée 5190
Cornulier (de). Le personnel de service à bord de la marine anglaise . 5565
Corvisart (von). Artilleriemasse und Divisionsartillerie 5439
Costa de Serda et **Litschfousse.** Carnet aide-mémoire de manœuvres et de campagne à l'usage de toutes armes 5349
Courtin (général). Notice sur la selle et le paquetage 5407
Couturier. Physionomie du combat d'infanterie. (*Traduction.*) . . 5354
Crousaz (de). Géographie militaire de la Suisse. (*Traduction*) . . 5555
— (von). Das Offizier-Corps der preussischen Armee 5618
Crousse. La guerre de la succession d'Autriche 5583
Cruyplants. Histoire de la cavalerie belge 5621
— Histoire de la participation des Belges aux campagnes des Indes 5619
— Souvenirs d'un volontaire de 1830 5588

Catalogue de la bibliothèque du dépôt de la guerre de France 5551
Catalogus der bibliotheek van het Departement van Oorlog 5547
Chargement des fourgons de cavalerie 5406

Numéros du Catalogue.

Cheval (Le) par un homme de cheval 5411
Code de justice militaire pour l'armée de terre 5341
Colburn's united service magazine. 5690
Compendio di istruzioni militari per le società del tiro 5252
Compte-rendu des manœuvres d'ensemble en terrain varié de 1882 à 1884. 5290
Conduite (De la) de l'artillerie dans les manœuvres et au combat . . . 5442
Considérations sur le système défensif de la France 5559
Cours des écoles de tir 5481
Cours spécial à l'usage des sous-officiers d'artillerie 5484

D.

Dally. Les armées étrangères en campagne 5236
Degouy. Étude sur les opérations combinées des armées de terre et de mer 5185
Derrécagaix. La guerre moderne. 5195
Desprez. Les armées de Sambre et Meuse et du Rhin 5585
Desroziers. Combats de partisans 5205
Dilthey. Militärischer Dienst-Unterricht. Infanterie 5393
— und **Abel.** Militärischer Dienst-Unterricht für einjährig Freiwillige 5487
Dislère, Ducos et Bouillon. Répertoire du droit administratif . . 5294
Doisy. Essai de bibliologie militaire. 5344
Doneaud. Aide-mémoire de l'officier de marine 5570
Dossow (von). Instruction pour le fantassin allemand 5390
Dragomiroff. Manuel pour la préparation des troupes au combat . 5565
Ducos, Dislère et Bouillon. Répertoire du droit administratif . . 5294
Dussieux. L'armée en France 5230

Description des effets d'habillement, etc., à l'usage des corps de troupe . 5504
Deutsche Heeres-Zeitung 5686
Dienst-Instruktion für die Feldgendarmerie 5349
Dienstvorschrift für die Feldgendarmerie 5350
Directiven für die Abhaltung der applikatorischen Uebungen der Artillerie im Festungkriege 5457

Numéros du Catalogue.

Directives pour les exercices d'application de l'artillerie de siège et de forteresse 5458
Dress regulations for the officers of the army 5306

E.

Eichtall (d'). Le général Bourbaki 5634
Ernouf. Souvenirs militaires d'un jeune abbé. 5610
Evkoff. Comptabilité relative aux hommes de la réserve (*Texte russe.*) 5249

Einjährig-Freiwillige im K. K. Heere. 5245
Entretien du harnachement en service dans l'artillerie 5449
Escalafon general de la guardia civil 5670
Escalafon general del arma de caballeria 5669
Escalafon general del arma de infanteria 5668
Esercito italiano 5725
Estado del cuerpo de ingenieros 5665
Estado general de la armada. 5664
Etat der Offiziere der Stäbe und der eidg. Truppenkörper 5666
Études sur l'armement réglementaire de l'infanterie 5367
Études sur quelques points de notre organisation militaire 5225
Examen pédagogique subi lors du recrutement pour l'année 1884 en Suisse. 5537
Examens institués à l'effet de constater le degré d'instruction des miliciens. 5534
Exercis-reglemente för infanteriet 5387
Exercis-reglemente för kavaleriet 5429
Exercitie-Reglement der Cavalerie. 5423
Exerzir-Reglement für den Train 5522
Exerzir-Reglement für die Fuss-Artillerie 5456

F.

Fea. Tavole grafiche del regolamento di esercizi 5382
Feiss. L'armée suisse 5226
Felix. Les avantages du pansement métallique à feuilles d'étain . . 5316

	Numéros du Catalogue.
Fircks (von). Feldmarschall Graf Moltke und der Preussische Generalstab.	5620
Fisch. Cours d'art militaire	5181
— Organisation du système militaire	5231
Fix. La stratégie appliquée	5200
Flamache. L'art de la guerre à l'exposition d'électricité de Paris, 1881.	5573
Friedrich der Grosse. Militärische Schriften	5186

Feuille militaire fédérale	5653
Fortification (La) et la défense de la frontière allemande-française	5563
Fragen (Brennende) in reglementarischer Form	5356
France (La) militaire	5716
France (La) est-elle prête?	5232
France (Pourquoi la) n'est pas prête?	5237
Führung (Ueber die) der Artillerie im Manöver und Gefecht.	5441

G.

Gendron. Service de la cavalerie en campagne. (*Traduction.*)	5401
Gérard. Code pénal expliqué	5338
— Manuel des honneurs, rangs et préséances.	5273
Goltz (von der) Scharnhorst. Militärische Schriften	5183
Goubaux et Barrier. De l'extérieur du cheval	5412
Gougeard. La marine de guerre	5568
Grandclément. Questions militaires à l'ordre du jour.	5575
Gran. Fonctionnement de la justice militaire.	5343
Grose. Military antiquities respecting a history of the Englisch army	5616
Gross. Manuel du brancardier	5322
Guillaumot. Le fusil rationnel	5474

Garnison-Karte der Deutschen Armee	5242
General orders	5652
Geschäftsordnung für die höheren Commanden der Armee in Felde	5283
Giornale d'artiglieria e genio	5724

	Numéros du Catalogue.
Giornale militare ossia raccolta ufficiale delle leggi, regolamenti, etc.	5646
Gliederung der bewaffneten Macht Osterreich- Ungarns	5227
Guerre (La) d'Orient en 1877-1878	5606

H.

Hackländer. La vie militaire en Prusse	5637
Halder. Tir par batteries groupées.	5440
(Hanckar.) Handleiding bij de gymnastische oefeningen	5340
— Leiddraad bij de scherm-oefeningen	5339
— Ontwikkeling en inrichting der handvuurwapenen	5471
Hannot. Des levés à vue, de la révision des cartes, etc.	5292
Hardy (Jean). Ses mémoires militaires	5613
Hart. The new annual army list.	5662
Helldorf (von). Dienst-Vorschriften der Königlich preussischen Armee	5259
Hennebert. L'art militaire et la science	5579
— Les torpilles.	5500
— L'Europe sous les armes	5564
Hérisson (d'). Journal d'un interprète en Chine	5591
— Journal d'un officier d'ordonnance	5605
Hermant. Note sur les appareils de déligation	5317
Hirsch. Militärisches Vademecum für den Offizier	5213
— Répertoire d'articles militaires	5348
Hoffbauer. L'emploi de l'artillerie dans les grandes combinaisons de troupes.	5443
Hohenlohe-Ingelfingen (Kraft, Prinz zu). Militärische Briefe. Ueber Infanterie	5362
— **(Kraft, prince de).** Lettres sur l'infanterie.	5363
— **(Kraft, Prinz zu).** Militärische Briefe. Ueber Kavallerie	5402
— **(Kraft, prince de).** Lettres sur la cavalerie.	5403
— **(Kraft, Prinz zu).** Militärische Briefe. Ueber Artillerie	5444
Hrubant. Abgrenzung und administrative Eintheilung der Militair-Territorial-Bezirke	5239

	Numéros du Catalogue.
Harnachement des chevaux d'artillerie	5447
History (Medical and surgical) of the war of the rebellion	5315

I.

Ideville (d'). Le maréchal Bugeaud. 5630

Instructie ter regelmatige waarneming van den vétérinairen dienst	5319
Instruction de 1885 sur le service de l'infanterie en campagne	5379
Instruction de 1878 pour les travaux de campagne de l'infanterie	5373
Instruction für das Schiessen mit dem Extra-Corps-Gewehre bei der Festungs-Artillerie	5479
Instruction für den technisch-administrativen Dienst bei den Anstalten des Train-Zeugswesens	5523
Instruction für die Anlage von Reserve-Bäckereien	5310
Instruction pratique sur le service de la cavalerie en campagne	5419
Instruction provisoire pour la préparation des troupes d'artillerie à l'exécution du tir indirect.	5454
Instruction relative aux attributions des adjudants.	5376
Instruction sur la comptabilité des compagnies, etc.	5295
Instruction sur la manière de harnacher et de charger les chevaux d'artillerie.	5448
Instruction sur l'emploi des outils mis en service dans l'infanterie.	5374
Instruction sur l'enseignement du tir.	5482
Instruction sur les appareils culinaires et les cuisines de l'artillerie de campagne	5461
Instruction sur les armes et les munitions en service dans les corps	5473
Instruction sur les inspections générales (France)	5282
Instruction sur les manœuvres de brigade avec cadres.	5375
Instruction über die Einrichtung und Behandlung der nach dem System Wänzl umgestalteten Gewehre	5472
Instruktion för Arméens rid- och remontskolor.	5427
Instruktion för bevakningstjensten	5263
Instruktion för Kavaleriets fält-öfningar	5428
Instruktion für das Schiessen mit dem Revolver	5477
Instruktion i fäkning och gymnastik.	5430
Invalide russe. (*Texte russe.*)	5726

Istruzione provisoria sul caricare e condurre bestie da soma 5462
Istruzione sul tiro per la fanteria 5384
Istruzioni pel servizio di campagna dei carabinieri reali 5347

J.

Jacquin. Aide-mémoire des officiers d'infanterie. 5391
Jaeglé. La nation armée. (*Traduction*.) 5190
— Lettres sur la cavalerie. (*Traduction*.) 5403
— Lettres sur l'infanterie. (*Traduction*.) 5363
Jähns. Handbuch einer Geschichte des Kriegswesens 5196
Jaitner. Der militär-Referent 5550
Joindre Le. Considérations sur les feux d'infanterie 5337
Jomini. Abriss der Kriegskunst 5182
— Atlas portatif pour l'intelligence des relations des dernières guerres, publiées sans plans 5609
Juder. Uniformen, distinctions- und sonstige Abzeichen der Wehrmacht . 5624
Jurien de la Gravière. La marine des Ptolémées et des Romains . 5566
— — Les campagnes d'Alexandre. 5580

Jahrbücher für die deutsche Armee und Marine. 5683
Jahresberichte über die Veränderungen und Forschritte in Militärwesen. 5685
Journal de la librairie militaire 5714
Journal des sciences militaires 5706
Journal militaire officiel belge 5641
Journal militaire officiel français 5642
Journal of the Royal United service Institution. 5691

K.

Kaehler. La cavalerie prussienne de 1806 à 1876. 5398
Kann. De militie gedurende het tijdvak der unie van Utrecht. . . . 5216
Karl (Erzherzog). Ausgewählte militärische Schriften 5187
Kaulbars. Rapport sur l'armée allemande 5217
Kern. L'armée suisse 5226
Kossinski. Recueil des ordres du département de la guerre. (*Texte russe*) 5272
Krusenstjerna (von) och **Nordensvan**. Handbok för svenska härens befäl. 5545

	Numéros du Catalogue.
Kamerad	5696
Kriegsfeuerwerkerei. Das Pulver	5466
Kriegsgeschichtliche Einzelschriften	5615
Krigsvetenskaps Akademiens Handlingar.	5728
Krigsvetenskaps-Akademiens Tidskrift	5729

L.

Lagondie (de). Le cheval et son cavalier	5538
Lahure (baron). Cavalerie. Exploration et combat	5404
Lapeyrère (de). Le Japon militaire	5228
Larchey. Journal de marche du sergent Fricasse	5611
Laroière (de) et Bodenhorst. Les armées européennes	5222
— Timmerhans. Guide de l'instructeur d'infanterie	5395
Lebrun. Guerre de 1870. Bazeilles-Sedan.	5600
Ledieu. Le général Du Mouriez et la révolution française	5628
Legavre. Législation pénale militaire	5340
Legrand et Plessix. Manuel complet de fortification.	5492
Lewal. Études de guerre. Tactique des renseignements	5206
Litschfousse et Costa de Serda. Carnet aide-mémoire de manœuvres et de campagne.	5549
Loë (von). Service de la cavalerie en campagne	5401
Lurion. La guerre turco-russe de 1877-78	5607

Lärobok om arméens organisation.	5220
Leggi sulla liquidazione delle pensioni agli ufficiali	5277
Lei de 1874 estabelecendo o modo do recrutamento	5243
Loi (La) de recrutement. (*Texte russe.*)	5244

M.

Maitre (Le). La vie militaire en Prusse. (*Traduction.*)	5637
Marchand (Le). Rapport sur l'armée allemande. (*Traduction.*)	5217
Marga. Géographie militaire	5556
Margon (de). Insurrections dans la province de Constantine	5589
— La fortification et la défense de la frontière allemande-française. (*Traduction.*)	5563
Mariotti. Étude militaire sur l'Afghanistan	5552

	Numéros du Catalogue.
Marthold (de). Memorandum du siège de Paris, 1870-1871	5601
Martin et Norlander. Manuel de gymnastique	5541
Meckel. Lehrbuch der Taktik	5201
Mention. Le comte de Saint-Germain et ses réformes	5233
Mercier. Notices historiques sur la cavalerie de la garde civique de Bruxelles	5622
Mikhaïlowski-Danilewski. Relation de la campagne de 1805	5586
Mirbach (von). Ueber Ausbildung der Kompagnie im Felddienst	5364
Monnier. Le combat de Steenkerque	5582
Montagnac (de). Neuf années de campagne en Afrique	5590
Moreno Churruca. Arte militar	5209
Morgan. Handbook of artillery matériel	5467
Morin. Les lois relatives à la guerre	5352
Mortimer d'Ocagne. Les grandes écoles de France	5551
Moynier. La Croix-Rouge	5336
Müller. Generalfeldmarschall Graf Moltke	5635
Muñiz y Terrones. Ordenanzas para el regimen, disciplina, etc.	5271
Münster. Zur Zäumung des Pferdes	5409
Myer. A manual of signals.	5505

Manuel de l'infirmière-ambulancière	5323
Manuel d'infanterie à l'usage des élèves-caporaux	5394
Militair blad	5722
Militaire Gids	5721
Militaire Spectator	5719
Militair-Literatur-Zeitung	5682
Militär-Handbuch des Königreiches Bayern	5659
Militär Schematismus (Oesterreichischer)	5654
Militär-Schulen	5731
Militär-Statistisches Jahrbuch	5675
Militär-Zeitung	5693
Militär-Zeitung für die Reserve-und Landwehr-Offiziere	5688
Militär-Wochenblatt	5677
1900. Garde à vous! De la Sprée à l'Escaut par la Marne	5574
Mittheilungen des K. K. Kriegs-Archivs	5699
Mittheilungen über Gegenstände des Artillerie- und Genie- Wesens	5695
Moniteur (Le) de l'armée.	5708

N.

Numéros du Catalogue.

Napoléon I. Militärische Schriften 5183
Narischkine. Relation de la campagne de 1805. (*Traduction.*). . . 5586
Nestor. L'armée et la France de 1885 5578
Neumann. Leitfaden für den Unterricht in der Waffenlehre 5464
Niox (G.). Algérie 5557
Nolte. L'Europe militaire et diplomatique au dix-neuvième siècle . . 5614
Nordensvan och **von Krusenstjerna.** Handbok för svenska härens
    befäl 5545
Norlander et **Martin.** Manuel de gymnastique. 5541
Nys. Le droit de la guerre. 5553

Naam- en ranglijst der officieren van het leger 5656
Neue militärische Blätter 5684
Nordenfelt machine guns 5468
Norme e programmi per gli esami dei volontari di un anno 5533
Norme generali per la divisione di fanteria 5383
Norme per la manovra coi quadri 5289
Notes sur les cavaleries étrangères 5399
Notice sur l'appareil servant à l'enseignement du tir 5392

O.

Odon. La tactique élémentaire de l'infanterie française 5360
Orth. De la conduite de l'artillerie dans les manœuvres et au combat.
    (*Traduction.*). 5442

Oesterreichisch-Russische Zukunftskrieg 5576
Orden, Wappen und Flaggen aller Regenten und Staaten. 5275
Ordonnance sur le service des armées en campagne (France). 5255
Organ der Militär-wissenschaftlichen Vereine 5698
Organisation (De l') des places fortes et de leur défense 5501
Organisation militaire des chemins de fer 5517

P.

Pagan. Carnet militaire de l'artillerie suisse. (*Traduction.*) 5488
Pajol. Les guerres sous Louis XV 5584

	Numéros du Catalogue.
Paris (comte de). Histoire de la guerre civile en Amérique	5592
Pellet. Le général Championnet et l'éducation patriotique	5639
(Peny). La France par rapport à l'Allemagne	5558
Perre de Roo (La). Le pigeon messager	5504
Perrin. De l'organisation des mess et pensions militaires	5280
Peucker (von). Das deutsche Kriegswesen der Urzeiten	5214
Plessix. Manuel complet d'artillerie	5486
— et **Legrand.** Manuel complet de fortification	5492
Poirot. Instruction sur le dressage du soldat au service en campagne.	5361
Poncin. De la science au moyen-âge. Archéologie balistique	5465
Pons. Tir de l'infanterie en terrain varié	5558
Poten. Militärischer Dienst-Unterricht für die Kavallerie	5435
Pratt. Field Artillery its equipment, etc.	5437
Pukl. Leitfaden für den Unterricht im Pionnierdienste.	5519
Putzeys. L'hygiène dans la construction des casernes	5313

Professional papers of the corps of royal engineers	5689
Programme d'instruction pour les troupes du 14ᵉ corps d'armée.	5255
Progrès (Le) militaire	5717
Puissance (La) française	5281

Q.

Quarré de Verneuil. La France militaire pendant la Révolution	5219
— L'armée en France depuis Charles VII jusqu'à la Révolution	5218
Quillet Saint-Ange. Le camp retranché de Paris	5562
Quinteau. La guerre de surprises et d'embuscades	5194

Quatierliste des Deutschen Heeres	5240

R.

Ramsay. Vie de Georges Washington	5627
Rátz. L'attaque des camps retranchés	5502
Ratzenhofer. Moltke und Gambetta	5596
Rau. L'état militaire des puissances étrangères au printemps de 1883	5229

	Numéros du Catalogue.
Raynaud. Règlement sur les exercices de la cavalerie allemande. (Traduction.)	5421
Redart. Transport par chemins de fer des blessés et malades militaires.	5312
Reich. Die Organisation der Kriegsmacht Osterreichs	5234
Rémond. Les batailles de nuits	5602
Renard. Commentaires sur les règlements de la cavalerie	5405
— Compendio de un Corso de tactica general	5204
Ridderstadt. 1632-1882. Gustaf II Adolfs deltagande i trettioäriga kriget	5581
Rivière. L'armée allemande sur le pied de guerre	5235
Robecchi. Il soldato cittadino	5278
Robert. Tactique de combat des grandes unités	5211
— Tactique de l'infanterie	5359
Roger de Beauvoir. Nos généraux. 1871-1884	5656
Rohne. Le tir de l'artillerie de campagne	5478
Rossignol. Traité élémentaire d'hygiène militaire	5314
Roy. Turenne. Sa vie, les institutions milit. de son temps	5632

Raccolta (La nuova) di tutte le disposizioni riflettenti il reclutamento	5246
Rangliste der K. sächsischen Armee	5660
Rang- und Quartier-Liste der Preussischen Armee	5658
Rang- und Quartier-Liste des XIII. (Württembergischen) Armee-Korps	5661
Rapport du département militaire fédéral	5672
Rapport sur les expériences faites avec deux modèles de selle	5408
Recueil militair, bevattende de wetten, enz.	5644
Recueil militair bevattende wetten, enz. Beknopte uitgave	5645
Reglamento para el ejercicio y maniobras de la caballeria	5432
Reglamento para el servicio de campaña	5267
Règlement de 1882 sur le service des batteries de 80 de montagne	5450
Règlement de 1882 sur les exercices de la cavalerie	5417
Règlement de 1882 sur l'instruction du tir	5480
Règlement de 1883 sur le service dans les places de guerre et les villes de garnison	5256
Règlement de 1883 sur le service de santé de l'armée	5321
Règlement de 1883 sur le service des armées en campagne	5254
Règlement de 1883 sur le service des bouches à feu de petits calibres	5452
Règlement de 1883 sur le service intérieur de la cavalerie	5418
Règlement de 1883 sur le service intérieur de l'artillerie et du train	5451

	Numéros du Catalogue.
Règlement de 1883 sur le service intérieur de l'infanterie.	5377
Règlement de 1884, pour les transports militaires par chemins de fer.	5257
Règlement de 1884 sur l'exercice de l'infanterie.	5378
Règlement de 1884 sur les batteries et sonneries	5380
Règlement de 1884 sur le service de l'armement.	5258
Règlement de 1884 sur l'instruction à cheval dans l'artillerie.	5455
Règlement de 1884 sur l'organisation du service des étapes.	5287
Reglement für den Sanitäts-Dienst	5320
Règlement provisoire sur le service intérieur de l'infanterie.	5369
Règlement provisoire sur l'exercice de l'infanterie.	5368
Règlement sur les écoles régimentaires, etc. (*Texte russe*)	5532
Règlement sur le service dans les places de guerre et les villes de garnison de l'artillerie et du train.	5453
Règlement sur les exercices à pied de la gendarmerie	5346
Règlement sur les exercices et les manœuvres de la cavalerie	5425
Règlement sur les exercices et les manœuvres de l'artillerie.	5460
Règlement sur les exercices de la cavalerie allemande.	5421
Règlement sur les sapeurs de l'infanterie (*Texte russe*)	5388
Règlement sur le transport des troupes par chemins de fer (Belgique).	5261
Règlement sur l'instruction du tir des troupes de cavalerie	5420
Reglement voor den garnizoendienst	5270
Regolamento dell' Arma dei carabinieri reali	5345
Regolamento di amministrazione e contabilita	5298
Regolamento di disciplina militare	5359
Regolamento di esercizi e di evoluzioni pei carabinieri reali.	5348
Regolamento di esercizi e di evoluzioni per la cavalleria	5426
Regolamento di esercizi e di evoluzioni per la fanteria	5381
Regolamento di servizio in guerra.	5266
Regolamento pei collegi militari	5526
Regolamento pel servizio territoriale.	5268
Regolamento per il personale ferroviario e telegrafico.	5508
Regolamento per il servizio nei tribunali militari	5337
Regolamento per la scuola di guerra.	5527
Regolamento provisario pei convitti nazionali di Milano e di Salerno	5528
Regolamento sullo stato dei sottufficiali.	5276
Regolamento sul servizio postale in campagna	5507
Regolamento sul servizio telegrafico in campagna	5506
Regulations and orders for the army	5264
Regulations for mounted infantry.	5370

	Numéros du Catalogue.
Regulations for the medical department	5326
Regulations for the militia	5265
Regulations for the royal engineer department	5491
Regulations for the supply of clothing and necessaries to the regular forces	5305
Regulations for the veterinary department	5318
Regulations for the volunteer force	5251
Regulations for the yeomanry cavalry	5433
Regulations relating to the issue of army allowances	5302
Relazione medico-statistica sulle condizioni sanitarie dell' esercito	5329
Répartition et emplacement des troupes de l'armée française	5238
Report from the army medical department	5331
Report of the chief of ordonnance	5673
Résumé des principales expériences de tir contre les cuirasses	5569
Revista militar	5752
Revolver-Schiess-Instruktion	5422
Revue d'artillerie	5712
Revue de cavalerie	5718
Revue maritime et coloniale	5715
Revue militaire belge	5702
Revue militaire de l'étranger	5711
Revue militaire suisse	5730
Ricordi sul cavallo e sul cavaleare	5413
Rivista militare italiana	5723
Ruller öfver svenska krigsmagten till lands och sjös oficerare	5671

S.

Sainte-Chapelle. La remonte dans l'armée allemande	5414
Salazar del Valle. Manual de telegrafia militar	5510
Salkin. Aide-mémoire sur le service des troupes en campagne	5262
— La chaussure normale civile et militaire	5307
Sarrepont (de). Art militaire sous-aquatique	5499
Schäffer (von). Der Kriegs-Train des deutschen Heeres	5521
Scharnhorst. Militärische Schriften	5183
Scherf. Die Theilnahme der Hessischen (25.) Division an dem Feldzug 1870-71	5603
Scherff (von). Von der Kriegführung	5191
— Von Clausewitz. Vom Kriege. (*Erläuterung*.)	5188
Schindler. Die Cavallerie Deutschland's	5623

	Numéros du Catalogue.
Schmidt. Le fusil suisse à répétition modèle de 1878-81	5469
Schomann-Rostock. Die Brieftaube	5512
Schrynmakers (de). Le Mexique	5593
Schueler. Leitfaden für den Unterricht in der Befestigungskunst	5493
Schuster. Correspondance militaire	5543
Selliers de Moranville (de). Les procédés tactiques du duc de Wellington	5207
Sérignan (de). La phalange	5197
— L'armée espagnole	5279
Snijders. Handboek der pionierkunst	5520
Solms. Die deutsche Wehr-Heer-und Marine-Ordnung	5260
Spalding (von). Die Entstehung, und Einrichtung der Königlichen Unteroffizier-Schule	5530
Springer. Handbuch für Offiziere des Generalstabes	5284
Steenackers. Les télégraphes et les postes en 1870-1871	5513
Steerk. Guide pratique de la fabrication des poudres	5475
Streffleur Osterreichische militärische Zeitschrift	5694
Szatmárvár (Fülek von) und **Wittinghausen.** Das Königreich Serbien	5554

Schiess-Instruktion für die Genie-Truppe	5490
Schiess-Instruktion für die Infanterie	5372
Schiess-Instruktion für die Kavallerie	5413
Sedan. Souvenirs d'un officier supérieur	5598
Servizio dell' artiglieria in campagna	5463
Signal service	5518
Skjutinstruktion för infanteriet	5386
Skjutinstruktion för kavaleriet	5431
Soldat (Le) belge	5704
Soldaten-Freund	5680
Spectateur (Le) militaire	5707
Statistique médicale de l'armée belge	5334
Statistique médicale de l'armée, 1872 à 1873	5328
Statistischer Sanitäts-Bericht über die Bayerische Armee	5330
Statistischer Sanitäts-Bericht über die Preussische Armee	5332
Statistisch overzicht der zieken	5333
Strength (Armed) of Belgium	5221
Sundhets-collegii underdäniga berättelse	5674

T.

Numéros du Catalogue.

Taysen (von). Friedrich der Grosse. Militärische Schriften (*Erläuterung*)   5186
Thomann. Armement, instruction, etc., de la cavalerie. (*Traduction.*)   5397
— La cavalerie prussienne de 1806 à 1876. (*Traduction.*) . .   5396
Timmerhans et De Laroière. Guide de l'instructeur d'infanterie. .   5395
Tinne. Manuel disciplinaire   5344
Tolstoï. La guerre et la paix   5638
Tordeux. Leçons de tactique   5202
Tröltsch (von). Dislocations-Karte der Kriegsmacht des Deutschen Reichs   5241
Tscharner. Carnet militaire de l'artillerie suisse.   5488

Table générale du journal militaire officiel français.   5643
Tactica de infanteria   5385
Train-Vorschrift für die Armee im Felde   5524
Traité de dressage des chevaux de troupe.   5410
Traité de fortification passagère   5497
Traité de fortification permanente et semi-permanente   5498

U.

Ubiez. La cavalerie française en 1884   5398

V.

Valle. Arte militare   5192
— Breve trattato di fortificazione   5494
Verdy du Vernois (von). Ueber praktische Felddienst Aufgaben . .   5212
Vial. Études d'art militaire   5184
Vigneron (de). Loi sur la garde civique annotée   5250
Vignolle (de). Précis historique des opérations militaires de l'armée d'Italie en 1813 et 1814   5587
Vigo-Roussillon. Des principes de l'administration des armées . .   5293
Vinkeroy (Van). Costumes militaires belges du XIe au XVIIIe siècle .   5625
Vogt. Das Buch vom deutschen Heere   5640

Vedette   5697
Verordnungs-Blatt (Württembergisches Militair-).   5649

	Numéros du Catalogue.
Verordnungs-Blatt des Königlich Bayerischen Kriegsministeriums	5648
Verordnungsblatt für das K. K. Heer.	5647
Verordnungs-Blatt für die Preussische Armee	5650
Verslagen, rapporten en memorien omtrent militaire onderwerpen.	5720
Vie du prince Henri de Prusse	5626
Voïennyï Sbornik (Recueil militaire) (*Texte russe.*)	5727
Voorschrift betreffende de mobilisatie van het leger	5248
Voorschrift betreffende de wapenen en schietoefeningen bij de cavallerie.	5424
Voorschriften omtrent het militair geneeskundig onderzoek.	5324
Voorschrift, houdende wijziging van de verantwording van soldij, enz.	5300
Voorschrift in acht te nemen bij het vervoeren van militairen	5311
Verpflegungs-Etat (Friedens) der Preussischen Truppen	5299
Vorschrift für die Verpflegung des K. K. Heeres	5301

W.

Waldtstätten (von). Erzherzog Karl. Ausgewählte militärische Schriften. (*Erläuterung*)	5187
Wedell (von). Instruction für den Uebungspflichtigen Ersatz-Reservisten der Infanterie	5371
— Vorbereitung für das Examen zur Kriegs-Akademie	5535
Weitzel. De organisatie bij de wet onzer strijdkrachten te land	5215
Wille. Ueber die Bewaffuung der Feld-Artillerie.	5445
Wittinghausen und **Szatmárvár (Fülek von).** Das königreich Serbien	5554

Waffen-Instruction für die Artillerie und die Train-Truppe	5446
Waffen-Instruktion für die Genie-Truppe	5489
Waffen-Instruktion für die Kavallerie	5416
Warrant (Royal) for the pay, etc.	5503
Wehrgesetz sammt wehrgesetz-Novelle	5247

X.

Y.

Z.

www.ingramcontent.com/pod-product-compliance
Lightning Source LLC
Chambersburg PA
CBHW070521100426
42743CB00010B/1904